Diário de um homem esquecido...

Dedicatórias para o autor

Da amiga Luísabela:

"Sou um Anjo que dorme ao teu lado, que faz amor com as tuas palavras, que ama os teus sonhos, que despe os teus desejos, que adormece com o teu olhar, e que morre por um beijo teu..."

A recordação é o perfume da alma, é a parte mais delicada, a mais suave do coração, que se desprende para abraçar outro coração e segui-lo por toda a parte..."

Da amiga Diana Melo:

O destino une e separa as pessoas mas nenhum momento é tão forte para nos fazer esquecer pessoas que por alguns momentos nos fizeram muito felizes..."

Desabafo

Estamos num dia que não sei, num mês que desconheço, num ano qualquer... Ando assim perdido vagueando por aí... Quero me reencontrar mas não consigo... Houve alguém que me fez perder minha essência, derramar as minhas lágrimas, deixando-me a alma ferida. Tentei fechar essa ferida isolando-me de tudo e de toda a gente. Pensei que fosse melhor assim... Projectei-me no vazio do Infinito que habita em mim e fiquei assim... perdido... esquecido... Apenas uma sombra que restou dum Ser perdido, dum Ser esquecido... Mas para que não ficasse totalmente esquecido, resolvi escrever tudo o que pensei, e senti, durante todo este tempo e o resultado está agora nas suas mãos, caro leitor... Sinto que estou, aos poucos, recuperando a minha lucidez de pensamentos, minha fluidez de sentimentos, enfim... Acho que começo a me reencontrar... Acho eu... Não sei... Porque não me ajuda a descobrir?.... Entre nesse mundo desconhecido, perdido, que é esse meu diário... **O Diário de um homem esquecido...**

Nota de abertura

Para quem lê os meus livros sabe que existe sempre uma **"Frase de abertura"** e uma **"Frase de encerramento"**. E a frase que abre o meu primeiro livro, diz assim: "Tenta imaginar o que resultaria da fusão da profundidade dum Filósofo e da imaginação de um Poeta. Quando chegares a alguma conclusão nesse dia começas a conhecer-me...". Até agora só publiquei Poesia, daí que as pessoas só conheçam a profundidade do "sentir" e/ou a imaginação do Poeta. Faltava agora conhecer a profundidade do Filósofo, e é o que tento fazer com esse livro. São frases minhas e alguns pensamentos meus. Esse livro deixou de ser um simples desabafo para o papel, para se tornar quase um diário pessoal... Um Homem que perdeu a sua essência, derramou as suas lágrimas, ficou com a sua alma ferida, e que acabou por ficar perdido no tempo, e no espaço, escrevendo assim o seu diário pessoal, para que talvez nele se pudesse (re) encontrar... E escrevi todos os pensamentos que me vieram à cabeça, todas as frases que me incomodavam no meu inconsciente e algumas das coisas que mais me revolviam a alma... E acabe por escrever aquilo que um dia seria o livro que agora tem nas suas mãos, caro leitor... **O Diário de um Homem esquecido**... E agora que já conhece a minha profundidade de "sentir", passe agora a conhecer a minha profundidade do "pensar"... Faça a fusão depois, e comece por tentar conhecer-me mais um pouco. Quando começar a conhecer-me um pouco melhor, irá conhecer a uma parte de mim que pouca gente conhece, pois lançarei breve o meu 1º romance. Mas enquanto esse dia não chega, porque não entra nessa viagem comigo, lendo esse livro, tentando divagar nos meus pensamentos e passando a conhecer-me um pouco melhor?... Boa leitura. E tente não se perder nos meus pensamentos, mas espero, muto sinceramente, que lhe possam fazer pensar e ver a vida duma forma diferente...

Zeca Soares

Prefácio

"*Diário de um homem esquecido não me parece susceptível de se inserir facilmente no número daquelas obras que se compram e vendem em grandes quantidades nos dias que correm. Não foi escrita - (ou encomendada) - por um jogador de futebol; não contém inutilidades enfeitadas. Não narra uma história emocionante. Não nos leva a ambientes tontos, de fáceis prazeres. Não pretende cativar servindo-se das nossas fraquezas, instintos e atracções, não trata dos temas que fazem manchete nos meios de comunicação social. Não se enquadra na moda. Não constitui sequer uma perfeição do ponto de vista literário. O que não nos estranha, porque sai das mãos dum jovem autor que dá os seus primeiros passos. Estou portanto a escrever um prefácio para um caso perdido?... Não!... Estamos perante uma obra que gostei de ler e que possui muito valor. Esse valor primeiramente em conter palavras que manifestamente saíram do coração. É dito com palavras que entendemos, porque são das nossas, privilegiando - e ainda bem porque comunica melhor - a simplicidade ao artificialismo. E isto numa altura em que quase tudo o que se escreve é demasiado calculado, demasiado* postiço, demasiado falso. Perdido está o hábito de pensar e de reflectir. Os homens passam mais tempo a calcular... Mas este livro também tem o mérito de - percorrendo um caminho ousadamente afastado das modas - nos conduzir ao mundo interior que pode, e deve ser, tão rico em cada um de nós. Esse mundo interior onde nos enfrentamos necessariamente com a Verdade; onde analisamos o nosso comportamento, as outras pessoas, e os acontecimentos, orientando os nossos passos; onde mais cedo, ou mais tarde, deparamos com as questões fundamentais da Existência: a Vida, o Amor, o Sofrimento e a Morte. Estas páginas reflectem o mundo interior do autor, as suas vivências, os seus encontros e amizades. E isso exigiu da parte dele uma coisa que não sei se é coragem ou ingenuidade, loucura, ou bondade. Seria preciso que o conhecesse melhor para o saber. Mas é também um convite e entrarmos dentro de nós mesmos. Interpela-nos, faz-nos perguntas, leva-nos a reflectir. Concordamos, discordamos, descobrimos. E não faz mal que encontremos contradições ou erros de lógica, tolices filosóficas, ou imprecisões, porque abrimos esse livro, não com a intenção de ler um Mestre, mas para mergulharmos num coração como o nosso que se abre, enquanto vai dando ao nosso lado os seus passos que são semelhantes aos nossos.

Arouca, 8 de Julho de 2003

Paulo Geraldo

Frase de abertura

"Atreva-se a tentar conhecer o que não conhece, pois é tentando conhecer o que não conhece, que se começa a conhecer melhor a si próprio, e ao mundo que o rodeia" **- Zeca Soares**

Frases

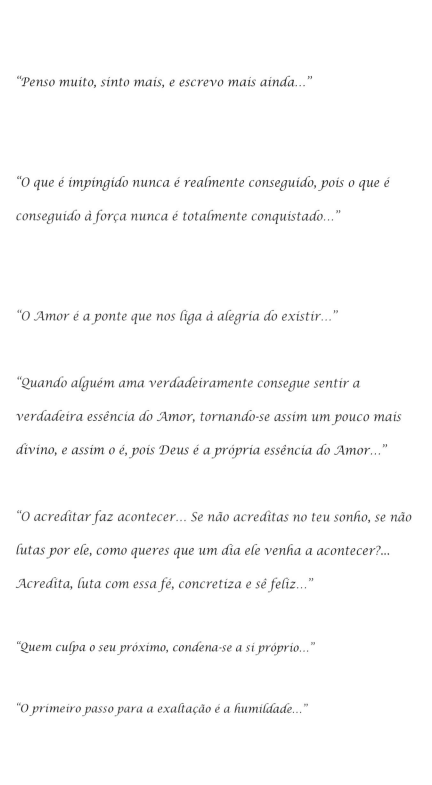

"Penso muito, sinto mais, e escrevo mais ainda..."

"O que é impingido nunca é realmente conseguido, pois o que é conseguido à força nunca é totalmente conquistado..."

"O Amor é a ponte que nos liga à alegria do existir..."

"Quando alguém ama verdadeiramente consegue sentir a verdadeira essência do Amor, tornando-se assim um pouco mais divino, e assim o é, pois Deus é a própria essência do Amor..."

"O acreditar faz acontecer... Se não acreditas no teu sonho, se não lutas por ele, como queres que um dia ele venha a acontecer?... Acredita, luta com essa fé, concretiza e sê feliz..."

"Quem culpa o seu próximo, condena-se a si próprio..."

"O primeiro passo para a exaltação é a humildade..."

"Todo aquele que persegue, um dia será, também ele, perseguido..."

"A lógica só tem razão de ser lógica quando algo desafia essa própria lógica. Senão não teria lógica nenhuma..."

"Não digas que fazes ou que irás fazer. Mostra que fizeste!..."

" Perseverar não é o mesmo que insistir. Insistir é não saber parar, é não aceitar perder. Perseverar é saber conquistar. E quem sabe conquistar nunca sabe o que é perder..."

"Não interessa o que tens de passar para realizares o teu sonho. Mesmo que sofras bastante para o realizares, a alegria da conquista desse sonho fará com que esqueças o quanto sofreste para lá chegares..."

"Se não tens medo de sonhar, porque tens medo de realizares os teus sonhos?... Sonha, e mesmo que tenhas de passar por louco ao tentares realizar o teu sonho, arrisca, luta por ele e, quando o conseguires concretizar, verás que o medo inicial não só desaparecerá como dará lugar a uma intensa alegria de saborear um sonho concretizado..."

"Na esperança encontramos a mão misteriosa de Deus que nos guia através do sonho e que nos dá a fé necessária para acreditarmos que podemos transformar o sonho em realidade."

"A esperança é algo que transcende a compreensão humana mas que te dá a fé suficiente para te aproximares da realidade divina."

"Religião?!... Eu não tenho religião. Tenho fé!... Pois a religião e uma invenção humana e a fé é algo divino.!

"Se fores derrotado numa batalha não fiques triste. Pelo menos lutaste!... Há aqueles que ficam, e vivem, tristes sem nunca terem lutado. Faz da tua tristeza a tua maior força e continua lutando!"

"Não me envergonho do passado que tive, pois foi preciso o passado que tive para que eu fosse o Homem que sou no presente, e alegro-me por isso, pois vendo o Homem que sou no presente, consigo antever o grande Homem que serei no futuro."

"A vida é feita de opções. O que és agora no presente é a soma de todas as opções que fizeste até hoje. Se estás feliz com a pessoa que és e com o que tens, é porque fizeste as opções certas. Se não estás, não achas que esta na hora de reveres as tuas opções?..."

"Se viveres constantemente preso ao passado não és capaz de viver o teu presente e de, consequentemente, planear o teu futuro. Então como

queres ser feliz?... Liberta-te primeiro do que te prende ao passado, vive o teu presente, planeia o teu futuro e aí, sim, serás feliz..."

Essa frase é dedicada a alguém que eu amei muito...

"Se filtrares a mágoa que há em ti e deixares entrar em teu coração o brilho da lua, nesse dia irás derramar a última lágrima do princípio da tua felicidade. Nesse dia estarei lá à tua espera..."

"Sinto que preciso de alguém mas nesse momento não quero ninguém."

"A indiferença e o desprezo são para os arrogantes como que um escudo protector para não mostrarem o que realmente são..."

"A arrogância e a prepotência são o princípio da decadência humana."

"A saudade é quando o momento tenta fugir da lembrança para acontecer de novo e não consegue."

"A preocupação é como uma cola que não deixa o que ainda não aconteceu sair-nos do pensamento."

"A indecisão é quando sabemos muito bem o que queremos mas achamos que deveríamos optar por outra coisa."

"A intuição é quando coração dá um pulo ao futuro e volta rapidamente."

"O interesse é um ponto de exclamação, ou de interrogação, no final de um sentimento..."

"O sentimento é a língua que o coração usa quando precisa mandar algum recado."

"A lucidez é um acesso de loucura ao contrário."

"Eu sou o que sou, e quero continuar a ser o que ou sem nunca ser aquilo que os outros querem que eu seja. Apenas sou!..."

"Não é aquilo que os outros pensam que eu sou que faz aquilo que sou. Apenas sou o que sou, independentemente daquilo que possam pensar de mim..."

"Acho que não tenho de justificar nada. O meu acto justifica-se por si próprio."

"Tenta imaginar o que resultaria da fusão da profundidade dum Filósofo e da imaginação de um Poeta. Quando chegares a alguma conclusão, nesse dia começa s a conhecer-me..."

"Se desistir é um sinal de fraqueza, saber desistir na altura certa é uma grande virtude."

"O Amor se se pudesse materializar em alguma coisa, seria tudo menos um Homem. Pois o Amor é livre e o Homem é escravo de si próprio."

"O Amor e o Ódio são o mesmo sentimento. São apenas formas diferentes de sentir..."

"Se a dor que eu sinto se se pudesse transformar em algo, esse algo chamar-se-ia negligência."

"O sonho serve, única e exclusivamente, para ser perseguido, senão nunca chega a ser alcançado..."

"Ausente mas sempre presente. Não é essa a verdadeira função dum Amigo?..."

"É óbvio o que sinto. E não tenho de dizer o que e óbvio. Apenas o sinto e isso é demasiado óbvio."

"Os teus erros é a maneira da Vida te ensinar o melhor caminho a seguir. Aprende com eles e segue em frente..."

"É na humildade que encontras o caminho, mas é na sensibilidade que te encontras a ti próprio. Descobre-te, encontra-te e sê feliz... Nesse dia serás feliz pois finalmente encontraste o teu caminho..."

"Aprendi a simplicidade de viver e experimentei a humildade do ser..."

"Só tenho pena que o sucesso de uns seja a inveja de outros. E é por certas serem, e pensarem, assim que nunca deixam de ser o que são, ou seja, nada!..."

"Apenas vivo o Amor como ele deve ser vivido. Ou seja, nunca sofrido, apenas sentido..."

"Às vezes é preciso saber lidar com a tristeza para que ela não nos faça tão tristes..."

"Não somos nada. E é quando temos consciência de não sermos nada que começamos a ser qualquer coisa..."

"Não penso em todas as atitudes que tomo mas sinto tudo o que faço."

"Se Deus achasse que o Homem não era capaz de alcançar todos os seus sonhos nunca lhe daria a capacidade de sonhar..."

"A vida é um ciclo. Dá e ser-te-á dado. É a Lei do Eterno Retorno. Só tens de ter cuidado com o que dás, pois aquilo que deres é o que também receberás."

"Ser capaz de assumir a derrota é outra forma de vencer."

"Um assunto só tem a importância que tu lhe deres. Se vires que é algo que não te deves preocupar, porque hás-de continuar a dar importância a esse assunto?..."

"Gosto de falar com um ateu. Tem sempre uma forma interessante de explicar tudo e de nunca saber nada."

"Tenho pena das pessoas que são capazes de acreditar que os astros influenciam, e até podem mudar, as suas vidas, e simplesmente não são capazes de acreditar em Deus..."

"O poeta é um fingidor nato. Finge tão bem o seu sofrimento que chega a

confundir a mentira do seu sofrimento com a realidade da sua dor..."

"Maluco, eu?!... Se ser maluco é ver a Vida tal como ela é, sendo objectivo, realista, e nunca me iludindo, então deixem-me ser louco. Se isso é ser maluco, deixem-me ser louco e nunca me deixem ver a vossa realidade. Pois essa sim é doente e deixa qualquer um louco."

"Loucura?... É estar ciente do que não se é, e ausente do que realmente se é. E o verdadeiro louco é todo aquele que não consegue ver, e aceitar, isso..."

"No fim da loucura começa a realidade, ou no início da realidade começa a loucura?... Não sabes?... És louco ou simplesmente real?... Quanto a mim prefiro pensar que sou um pouco das duas coisas..."

"A Sabedoria é o princípio de toda e qualquer loucura..."

"Não perco tempo com coisas insignificantes. A minha vida é curta de mais para isso."

"Assim como uma foto marca um momento para sempre, uma recordação marca a tua vida eternamente."

As próximas duas frases são dedicadas a alguém que me magoou muito num passado bastante recente...

"Se a minha vida fosse um diário eu deixaria algumas folhas em branco para que tu pudesses escrever. Eu simplesmente não teria coragem para lá escrever o que fizeste à minha vida..."

"Há quem diga que é na diferença que marcas a tua presença. Mas como posso marcar presença se por causa da minha diferença te perdi?... E não tenho culpa de ser diferente..."

"Pensar é não existir. Porque foges do mundo real para entrares num mundo que não conheces: o pensamento. E se entras num mundo que não conheces, como sabes que nesse mundo continuas a existir?..."

"Se alguém de alguma forma te magoar, não retribuas na mesma moeda fazendo o mesmo. Mostra que és superior, mostrando que és diferente. Ignora o que te fizeram e perdoa..."

""Um sorriso por vezes esconde uma dor deveras sentida, uma mágoa deveras vivida... Uma lágrima nem sempre consegue mostrar o que um simples sorriso consegue esconder..."

"A inteligência e a experiência de vida nem sempre são compatíveis e nem sempre estão interligadas. Há quem seja inteligente e não saiba viver. Mas quem tem experiência de vida, e a aplica, é sempre uma pessoa muito inteligente. E esse, sim, sabe viver..."

"Não sou sábio nem inteligente. A sabedoria pertence aos deuses, a inteligência aos homens. Sou qualquer coisa de intermédio; algo que se divide entre o louco e o autodidacta. Sou, definitivamente, igual a mim próprio."

"A ansiedade funciona, para mim, como um catalisador de mim próprio. Nesta ânsia do meu viver, este catalisador funciona como um laxante à constante pressão em que vivo e, consequentemente, liberta-me do caos que são as minhas emoções sentindo-me, obviamente, muito mais leve e muito mais apto para prosseguir..."

"Possuir?... Não o sei conseguir... conseguir?... Como se possui qualquer coisa?... Se tudo o que temos não é nosso, então ter não é possuir. Ter é possuir qualquer coisa que nos emprestaram: o corpo, por exemplo. Enquanto que possuir é uma noção efémera do que se deseja possuir. Possuir é um desejo portanto, e só os loucos pensam poder possuir qualquer coisa..."

"Num acto de fé ou de loucura, o Homem transcende-se a si próprio quando ao utilizar essa fé, ou essa loucura, consegue atingir níveis de Consciência Divina. E, ao conseguir isso, destaca-se do homem banal, pois o homem banal não tem fé, é apenas louco. E a simples loucura, sem fé, não nos leva a lado nenhum..."

*"A loucura é uma fuga à realidade, portanto só pode ser uma coisa boa. Qualquer coisa é melhor do que a triste realidade em que vivemos. Mas a loucura por si só não é capaz de nos transportar para outra realidade. Há que criar uma realidade paralela que nos sirva de refúgio ou de fuga. E só um louco a consegue criar. **Einstein** era um louco. Espero um dia o ser também..."*

"Que o grito do teu EU se possa ouvir mais alto que todas as tuas tristezas. E que esse teu grito ecoe pelo Universo para todo o sempre..."

Ao Gilberto Silva:

"A diferença entre um Filósofo e um Poeta dá qualquer coisa de efémero. A junção dos dois, a perfeita loucura. O meio-termo, se é que existe, entre o efémero e a loucura, dá qualquer coisa parecida com aquilo que eu penso de ti..."

"Na loucura, tal como na inocência, não existe espaço para o "pensar". Apenas para o "sentir". Nunca vi nenhum louco pensar no que sente e nenhum inocente pensar que sequer sente. Inocência ou loucura minha?..."

"Na Amizade, tal como no Amor, são imprevisíveis as suas consequências. No entanto, tais consequências só as conheceremos se arriscarmos. E se nunca se arriscar como poderemos usufruir dessas mesmas "consequências"? Nunca!... E assim se assiste ao vazio existencial hoje em dia na vida das pessoas, porque não se limitam a arriscar, pois arriscar significa, para muita boa gente, perder qualquer coisa. A meu ver só perde aquele que não arrisca. Quem não o faz, só prova a vulnerabilidade do seu próprio ser e a grandeza pobreza de espírito que o mesmo contém. Ama, sonha, arrisca, e sê feliz..."

"A distância que me separa o meu EU de mim, é a distância compreendida entre o Consciente e o Inconsciente. Apenas uma linha ténue que me separa daquilo que há daquilo que é suposto existir..."

"Vivo entre a intolerância e a eterna paciência de tentar perceber o que não sou e esquecer aquilo que sou. E o que realmente sou simplesmente não me interessa..."

"Vivo na inquietude do meu existir, tentando encontrar respostas para perguntas que não sei se devem se respondidas ou não, mas que nem por isso deixo de as continuar a perguntar a mim próprio. E continuo me perguntando, continuo me inquietando, nessa minha eterna inquietude de vida..."

"O Conhecimento, a Sabedoria e a Fé... Três caminhos distintos, três caminhos tortuosos, três opções muito difíceis mas, definitivamente, a melhor forma de se viver, e de se chegar, mais perto de Deus..."

"Não sou melhor do que ninguém mas sou diferente de toda a gente..."

" É na humildade que reside a verdadeira beleza e a, consequente, grandeza do Homem..."

Pensamentos

Na esperança dum novo amanhecer abro os olhos para a realidade e acordo com um sorriso, enfrentando a vida duma forma positiva logo pela manhã. E faço isso a cada dia, tentando que cada dia seja diferente, de preferência melhor do que o dia anterior. Eu simplesmente tento crescer a cada dia. E tu caro leitor, o que fazes com o teu dia-a-dia?...

Fracassar/ ser derrotado

Fracassar não significa o mesmo que ser derrotado. Fracassam os que nem sequer tentam combater na sua batalha, enquanto que os derrotados, pelo menos, tiveram a coragem de lutar. E tu, lutas pelas *coisas em que acreditas, ou simplesmente vives esperando que as coisas*

caiam do céu, fracassando assim constantemente?...

Luta, arrisca, alcança, vive intensamente e sê feliz...

Homem vencido/ Homem perdido

Sabes qual é a diferença entre o Homem vencido e o Homem perdido?...
Pelo menos o Homem vencido lutou... E o Homem perdido não teve a
coragem de lutar e perdeu-se no caminho... E tu, estás vencido ou
encontras-te simplesmente perdido?...

Precisas desabafar?...

Quando vemos um amigo em baixo ou mesmo deprimido, temos a
tendência a perguntar-lhe: "O que é que se passa?...", quando muitas
vezes deveríamos perguntar-lhe: "O que é que não se passa que deveria
se estar passando?...". Às vezes é por simplesmente não se passar nada,
que as pessoas ficam assim em baixo, apáticas, vazias e deprimidas. Por
isso a próxima vez que vires um amigo em baixo ou deprimido, não lhe
perguntes: "O que se passa?", pois podes magoá-lo ainda mais, pois ele
pode estar assim por simplesmente na sua vida não se passar nada.

Apenas pergunta-lhe: "Precisas desabafar?"...

O segredo do silêncio...

Uma vez perguntaram-me: "Não consigo ver as estrelas no Céu durante o dia mas sinto que elas estão lá. No entanto olho o Céu todas as noites e, por vezes, sinto que elas não estão lá... Estarei maluco?... Ou terei simplesmente perdido a noção da realidade?... Apenas olhei-o no fundo dos seus olhos, dei-lhe em sorriso, virei-lhe as costas e, em silêncio, parti...

Melhor forma de ser feliz...

Antes ser infeliz e só do que infeliz e acompanhado. Pelo menos sofres sozinho e não passas a tua infelicidade a ninguém. E, consequentemente, não fazes ninguém infeliz. E não fazer ninguém infeliz, é outra forma de ser feliz..."

Não fazer nada?...

Toda a pessoa que diz: "Não sou capaz de fazer nada...", está automaticamente a contradizer-se a si própria. Pois o simples facto de se assumir que não se é capaz de fazer nada, já é fazer qualquer coisa. E quem faz qualquer coisa, já faz muito mais do que simplesmente nada..."

Nada acontece por acaso...

Há uma grande vontade cósmica para que tudo exista e aconteça. Foi essa vontade que fez com que tu existisses. Quando fores capaz de acreditar nisso, e juntares a tua vontade própria com essa vontade, não só tudo te é possível, como te tornas eterno..."

Viver/Existir...

Viver não é simplesmente existir... Há quem viva e quem exista simplesmente. Há pessoas que apenas existem, e limitam-se em ir vivendo ao sabor da vida. Essas apenas existem... E há aquelas pessoas que marcam a sua existência, fazendo algo diferente, e batalhando constantemente para que possam mudar as suas vidas, de maneira que possam realmente viver e não simplesmente existir. Em qual dessas perspectivas te encontras, caro leitor?...Vives?... Ou apenas existes?... A diferença entre o viver e o existir, é que enquanto apenas existes, não existes... Se marcares essa tua existência, deixas de simplesmente existir para passares a viver. E você caro leitor, vive ou apenas existe na sua mera, e reles, existência?...

Liberdade?...

Houve alguém que disse um dia: **"A minha liberdade começa onde acaba a tua..."**. Concordo plenamente. Mas quando duas pessoas se apaixonam, onde começa, e acaba, a liberdade de um e a do outro?... Será que perdem a sua liberdade um para o outro?... Definitivamente não!... Por se amarem mutuamente as suas liberdades unem-se, criando assim uma nova liberdade. E é assim pois o Amor liberta...

Dá-te a conhecer...

Se não te deres a conhecer como podes expandir a Energia que há em ti?... E, se não o fizeres, como pode essa Energia vibrar perante os outros?... Mas se te deres a conhecer aos outros, a Energia que há em ti expande-se vibrando e, quiçá, influenciando o teu próximo. E se a tua Energia for positiva, já não só influencia o teu próximo, como também o consegues mudar. E o consegues mudar para melhor...

Inimigo/Adversário

Só temos um inimigo quando o ódio provém de ambas as partes, e um adversário quando temos ódio, e oposição, apenas de uma só parte. Teremos muitos adversários nessa vida, devemos é evitar ter inimigos não dando lugar ao ódio em nosso coração. Portanto, ama... Ama o teu inimigo sendo adversário no ódio que ele tem por ti, e um dia acabarás por o conquistar, e ele passará a ser teu verdadeiro Amigo...

Dimensão da Existência Humana...

Se tiveres a noção da dimensão mágica da tua Existência, e se seguires, sem hesitar, a tua intuição, nada te é impossível de conseguir, pois finalmente percebes a tua divina, e infinita, importância... Mas se pensares que és apenas mais uma pessoa que habita um planeta densamente povoado, planeta esse que pertence a uma galáxia e que, como ela, existem triliões de galáxias por esse Universo afora, sentir-te-ás extremamente insignificante... Mas se pensares que, no meio de triliões de galáxias, em todo o Universo, és uma pessoa única e diferente de todas as outras, sentes a tua exclusividade perante o Infinito e, finalmente, percebes o peso da tua infinita importância.

Ou seja, o Infinito és tu...

O que queres da vida?...

O que queres da vida?... Não sabes?... Então como queres que a vida te dê algo que nem tu sabes o que é?... Ela simplesmente te dá, não o que queres, mas o que ela deseja... Mas, por vezes, o que ela deseja é realmente o que queres... Diz-lhe o que mais queres, e pode ser que ela acabe por te dar o que sempre quiseste... Se nunca tentares, nunca o saberás...

Prazer/Felicidade...

Um dia perguntaram-me para mim qual era a diferença entre o Prazer e a Felicidade... Inicialmente achei complicada a pergunta, mas depois parei, pensei e disse: "Enquanto que o Prazer é momentâneo e está ao alcance de qualquer pessoa, a Felicidade é eterna e está ao alcance só de alguns...". Enquanto não perceberes isso como queres ser feliz, se ainda nem começaste a fazer a tua busca pessoal rumo à Felicidade?...

Quem sou eu?... Eu sou!...

Não tenho de perguntar: "Quem sou eu?...", mas sim de responder: "Eu sou!...". Quem puder entender que entenda que não é o que eu não conheço que me faz seguir em frente, mas sim reconhecendo o que eu sou, e me aceitando tal como sou, que me faz seguir não só em frente, como me faz conhecer a minha verdadeira identidade... Por que acham que Jesus em todas as frases por Ele pronunciadas para afirmar o que Ele era, e Quem realmente era, Ele apenas respondia: "Eu Sou o Grande Eu Sou. Apenas Sou..."?...

Minha triste realidade...

Acordei... Acordei e vi que estava num mundo diferente. Sim, num mundo diferente!... Num mundo onde não havia tempo, e lá fiquei eu sem saber onde estava, num dia que não sabia, num mês que desconhecia, num ano qualquer... Senti que não havia ninguém... Nem casas, nem carros, nem barulhos... Nada!... Olhei à minha volta e nada!... Olhei o céu...o céu... o céu estava estranho... Duma cor linda como nunca vi igual... Nunca tinha visto o céu daquela cor... Embriaguei-me na beleza dum momento, um momento qualquer, num mundo que não conhecia mas que me fazia sentir tão bem... Tão bem, que comecei a pensar que já não queria voltar para o mundo que eu conhecia, esse em que vivemos, por ter a certeza que não era tão belo...

Senti o medo a me invadir e, aos poucos, tudo à minha volta começou a mudar de cor... Tão grande foi a mudança de cor, que senti que algo de anormal estava prestes a acontecer... Comecei a ouvir um murmúrio muito baixinho que se foi intensificando ao ponto de já não suportar mais aquele barulho e, finalmente, acordei... Acordei?!... Mas eu já não estava acordado?!... Então, quando realmente vim a mim, é que me apercebi que não valia a pena tentar perceber se já estava acordado ou se tinha acabado de acordar, pois na realidade em que me encontrava agora, era cheia de factos mas vazia de sentido, e se nada faz sentido, de que me adiantava saber se já estava acordado ou se tinha acabado de acordar?... Prefiro pensar que ainda estou dormindo para não ter de acordar e ver a triste realidade em que vivo...

A pergunta mais difícil que me fizeram...

A pergunta mais difícil que me fizeram, mas a mais fácil de responder, foi o porquê de sentir a necessidade intrínseca de estar constantemente a escrever?... Respondi que sinto a necessidade de partilhar com os outros o que penso e o que sinto, pois o pensamento, tal como o sentimento, é universal e de que me adiantaria sentir e pensar dessa forma assim e guardar tudo isso para mim, quando sei, e sinto, que devo partilhar o que penso e o que sinto com toda a gente?... Se Jesus guardasse para si o que pensava e sentia, o que seria de nós?...

Como receberíamos a sua mensagem?... Existem certas mensagens que são imprescindíveis, e que não só devem ser partilhadas, como devem ser sentidas, em conjunto pois são mensagens que podem, e devem, mudar o mundo...Portanto partilha o que pensas e o que sentes e nunca tenhas vergonha, ou pudor, de revelar aos outros o que sentes e o que pensas, pois é com esse tipo de atitude que as outras pessoas passam a te conhecer melhor, e se todos fizermos isso, um dia o mundo será melhor, pois finalmente o ser humano percebeu o que significa a palavra "compreensão"...

Minha terapia de relaxamento...

Por alguns minutos deita-te, relaxa e inspira fundo várias vezes... Relaxa a tua mente e o teu espírito... Abstrai-te da realidade exterior que te cerca... Deixa a tua mente e o teu espírito entrarem em sintonia com o Absoluto, divagando o teu espírito pelo vazio, esvaziando a tua mente dos sentidos e entrando numa realidade diferente onde não há tempo nem espaço, nem presença nem ausência, nem dor nem cansaço...

Apenas a paz duradoira da ausência dos sentidos... E sentes-te em paz...

Fórmula para um homem ser feliz...

Um dia um discípulo perguntou ao seu Mestre: "Mestre... O que precisa um homem fazer para ser feliz?...". O Mestre parou, pensou e disse:

"Filho, um homem precisa de muito pouco para ser feliz. Para isso basta-lhe plantar uma árvore, escrever um livro e ter um filho..."

"Mestre, não percebi..."

"Filho...Um homem ao plantar uma árvore persevera a Natureza, ao escrever um livro, imortaliza o que pensa e o que sente, e ao ter um filho deixa descendência... E continuou dizendo: "Se um homem é capaz de perseverar a Natureza, imortalizar o que pensa e o que sente, e ainda esse homem consegue deixar descendência, esse homem não precisa de fazer mais nada para ser feliz, pois esse homem não só viverá feliz, como morrerá feliz e em paz..."

E dizendo isso partiu, deixando o discípulo meditando sobre o assunto...

Eu já plantei a minha árvore, já escrevi os meus livros, só me resta ser pai... Mas no dia em que for pai, irei fazer uma promessa a mim próprio e a Deus... Um dia hei-de pegar no meu filho, levá-lo até à árvore que um dia plantei, e ler-lhe uma das muitas histórias que um dia escrevi...

Nesse dia sim, serei completamente feliz...

Minha humilde oração...

Senhor, às vezes me pergunto o porquê de (me) acontecerem certas coisas. Dizes na Tua Palavra: " **Quem semeia o vento colhe tempestades** *", mas porque raio é que " Quem semeia o bem só recolhe injustiças?...". Há tanta coisa que gostaria de perceber e que não consigo. És o meu refúgio, o meu abrigo e Sabes disso. Por vezes, recorro a Ti e ouves-me e antes que consiga perceber, já o " meu problema " está resolvido. Mas por outras Senhor, quanto mais te procuro mais eu sinto que te afastas, e não só os problemas ficam como até se agravam. Porquê Senhor, se até sou um bom filho? Ou pelo menos tento ser...* **"Tudo o que pedires ao meu Pai em meu nome, ser-vos-á dado"**. *Não foram estas as palavras de Jesus?... Estaria Ele mentindo?... Claro que não!... Recuso-me a acreditar nisso!... Então porquê Senhor me abandonaste nesta hora que precisava (e preciso!) tanto de ti?...* **"Deus meu, Deus meu, porque me abandonaste?...".** *Se até Jesus duvidou, quem sou eu para não duvidar?... Por vezes, acho que me queres por à prova... Senhor, Tu sabes que a minha fé pode até ser abalada mas nunca destruída... Prova que não me abandonaste, prova que me amas Senhor, que não queres que eu sofra, e que o sacrifício do Teu filho não foi em vão... Já fiz tudo o que podia* para poder resolver esse meu problema mas não consigo... Então, ponho em Tuas mãos esse meu problema, essa minha dor, esperando que Te comovas por mim, e que me ajudes a resolver esse problema para minha satisfação e Tua glória... Obrigada Senhor... Desculpa-me Senhor...

Obrigada porque sei que irás me ajudar... Desculpa-me se cheguei a duvidar... Agora que desabafei contigo, sinto uma estranha paz em meu coração... Amo-te Senhor e Sabes disso... Continua a dar-me motivos para justificar essa minha adoração, aliviando essa dor em meu coração... Adoro-te Senhor

Tristeza

Hoje estou triste!... Não sei porquê... Estou simplesmente triste!...

Só não sei porque estou a tentar perceber porque estou triste!... Estou triste pronto! Por vezes a tristeza não se explica... Aliás, até acho que a tristeza nunca se explica... Apenas se sente!... Mas apenas sinto-me frustrado por não a saber explicar... Mas é o que não se sabe explicar, que acaba dando sentido à nossa existência, porque vamos à procura dessas respostas que hoje não achamos e não descansamos enquanto não as encontrarmos. Resumindo e concluindo... A tristeza é a resposta ao tédio da minha vida...

Tédio

Tento sair dele a cada instante. Cada vez que tento quebrar a rotina fazendo algo diferente. E gosto desse algo diferente e, por gostar tanto dele, volto a fazê-lo, fazendo-o cada vez mais, ao ponto de cair na rotina outra vez e, de novo, volta o tédio. Então que fazer para evitá-lo?... Nada!... Deixa que ele passe simplesmente, nunca o combatendo, nunca o renegando, apenas e exclusivamente, o aceitando. E o tédio, tal como tudo na vida, se o aceitares passa a ser teu, e não algo que passa pela tua vida... E sendo teu, fazes dele o que queres, e fazendo o que queres dele, ele farta-se e vai-se embora e deixa de ser tédio, e passa a ser passado e, tal como todo o passado que não interessa, o esqueces desaparecendo assim finalmente da tua vida..."

Dor

Não me refiro à dor no sentido literal, à dor física, mas sim aquela dor que infelizmente todos nós conhecemos... Sim, é a essa dor que eu me refiro. A essa dor só há uma coisa a fazer... Aceita-a!... Se a aceitares, ela passa a ser tua amiga. Nunca faças dela uma adversária mas sim uma companheira para a vida. Habituas-te tanto a ela, que já não passas sem ela, ao ponto de não a quereres mais a abandonar...

Ninguém gosta da morte mas que remédio temos nós senão a aceitar?!...

Então, aceita a tua dor deixando que ela faça parte de ti e, nessa altura, altura em que ela já é tua, fazes dela o que quiseres, podendo transformá-la em algo melhor, por exemplo: a purificação do teu espírito, aprender a humildade, a abnegação, o altruísmo, etc...

E faria aqui uma enorme lista das coisas boas, e recicláveis, que uma simples dor pode se transformar... Como vês, a dor não é assim tão má...

Ela existe porque é precisa e só tens de saber lidar com ela...

A vida...

A vida injusta?... Não, a vida não é injusta!... A vida apenas te responde às perguntas que tu lhe fazes e simplesmente te diz, não o que queres ouvir, mas sim o que mereces ouvir! Ela só te responde da maneira que mereces... Aprende a saber ouvir o que ela tem para te dizer e quando a souberes ouvir e finalmente a escutares, aí sim serás mais feliz...

Schiuuu... Escuta!..."

Pequeno conselho...

Passamos a vida a nos lamentar. Lamentamos isso e aquilo, e invejamos aqueles que na sua vida têm sucesso, e ao que tudo indica, são pessoas felizes. E, no entanto, esquecemo-nos das nossas vidas, e talvez por isso sejamos infelizes. Devíamos por uma pala nos nossos olhos e sabermos olhar só para as nossas vidas, esquecendo a dos outros, e concentrando-nos mais nas nossas, e aí sim talvez conseguíssemos atingir alguns dos nossos objectivos. Porque invejar a vida dos outros é esquecer-te da tua, e esquecendo-te da tua, como podes construir a tua própria felicidade?...
Enfrenta os teus problemas dia-a-dia, eliminando-os, melhorando assim a tua vida, e melhorando a tua vida sentes-te bem... Queres mais... Os teus sonhos são cada vez mais altos, e vais lutando cada vez mais por esses mesmos sonhos, ao ponto de um dia se tornarem realidade, e deixarem de ser apenas sonhos mas sim objectivos alcançados...
Vive, luta e sê feliz...

Deus

Todas as partículas, átomos e moléculas que te/nos formam fazem parte de um Todo e esse Todo é Deus e, por conteres esse Todo dentro de ti, também tu és Deus. O mesmo acontece com o Universo. Todas as partículas que nos formam, e a tudo o que existe, fazem parte de um Todo a que chamamos de Universo e, por contermos esse Todo dentro de nós, nós não existimos dentro do Universo, mas sim o Universo dentro de nós. Temos o Infinito na palma da nossa mão... E a Consciência Suprema, esse Ser transcendente que tudo controla e harmoniza, só tem razão de existir se esse Universo existir, e o Homem poder também existir e, em paz, viver. Por isso é por nós que Deus vive e existe, e não nós que vivemos e existimos por Ele e para Ele. Como podemos reparar, o Homem passa dum papel submisso em relação a Deus, para passar a ser ele a dar razão da existência a Deus, segundo a sua própria vontade, e não Deus que se impinge duma forma intrínseca aos Homens. Como se pode ver, é por ser esse o papel principal do Homem que o faz deixar de ser Homem para passar a ser Deus. Talvez fosse pensando nisso que o grande Filósofo **Henri Bergson** ao morrer, soltou um último suspiro filosófico dizendo: **"O Universo é uma máquina de fazer deuses..."**. Ou seja, e concluindo o raciocínio: O Homem não existe no Universo, contém o Universo dentro de si, ou seja, ele é o próprio Universo. E esse Todo a que chamamos de Universo é Deus, e isso faz com que sejamos parte desse Todo, ou seja, Deus. E esse Deus existe para que haja harmonia nesse Universo para que tudo possa existir, inclusive o Homem. E, ao prestar tal serviço ao Homem, Deus demonstra que nós não vivemos em função Dele, mas sim Ele em função a nós. E é por ser assim que também somos Deus, ou seja, nós não fazemos parte de um

Todo. Nós somos esse Todo, esse Universo, esse Deus...

Se eu pudesse...

Se eu pudesse mudaria o mundo... O Homem, as flores... Tudo mudaria...
Os Homens passariam a ser flores, e as flores passariam a ser Homens, e
por apenas um dia, os deixaria assim... Nesse dia, as flores pisariam os
Homens, e os Homens, na sua pele, sentiriam essa dor. No dia seguinte,
quando os Homens voltassem a ser Homens e as flores voltassem a ser
flores, o Homem quando visse uma flor não era capaz de a pisar mas
sim de a colher, e com um grande sorriso a entregaria a alguém...

Apenas o que eu queria ser...

Um dia imaginei ser uma gota de chuva. Caía, caía, caía... E por fim
atingi a Terra, o seu solo, e infiltrei-me... Infiltrei-me nas suas
profundezas até que, por fim, encontrei as raízes que me fizeram
desabrochar para uma nova vida... Eu era uma planta!... E de gota de
chuva passei a planta... E de planta, passei a flor... Flor que um dia te
deram e que guardaste num livro qualquer... Mais tarde, essa flor secou
e virou pó... Pó que um dia o vento levou nas suas asas e que ficou

perdido algures por aí... E agora sou poeira que vagueia perdida no vazio... E apenas eu queria ser uma simples gota de chuva.

Era apenas o que eu queria ser...

O silêncio de Deus...

O silêncio de Deus é o momento em que Deus não fala mas que sem falar te diz...

"Vou-te ajudar...Só estou à espera que dês o primeiro passo... Pede-me..."

Passos para o crescimento pessoal de cada um:

- Reconhecer a sua fragilidade humana

- Ter vontade de mudar

- Gostar de si da maneira que é

- Fazer com que gostem de si da maneira que é

- Ser humilde e reconhecer os seus erros

- Fazer uma viagem interior e ver o que é preciso mudar

- E finalmente concretizar essas mudanças

Só assim podes mudar e consequentemente crescer...

Quem sou eu?...

Quem sou eu?!...

Sim... Quem sou eu?...

Quem sou eu que isto sinto

Este bem querer sem querer saber?...

Se no que digo se não sinto

Gostaria que pudesses compreender...

Compreender o que não tem explicação

Apenas sinto de uma forma diferente...

Quem me conhece sabe a razão

Dessa confusão em minha mente...

Atirei-me do abismo da loucura

E essa dor já não tem cura

Pois perdi tudo o que era meu...

E essa minha crise existencial

Deve-se ao facto de sentir-me tão mal

Ao não saber quem sou eu?!...

Queria desabafar...

Estou assim... Indiferente, vazio, eu sei lá...

Acho que até nem me importava se o mundo acabasse agora.

Também acabaria isto que sinto, sim porque se o mundo acabasse, eu morreria e isto que sinto só vai passar quando eu morrer...

Alberto Caeiro é que tinha razão quando disse: "Ser poeta não é uma ambição minha. É a minha maneira de estar sozinho".

Se sou poeta, ou não, deixo isso ao critério dos outros mas o que sei é que é a minha maneira de estar sozinho... E talvez por estar muito tempo sozinho, me sinta assim... Indiferente, vazio, eu sei lá...

Nunca te iludas...

Nunca te iludas, porque se a vida tivesse de ser como tu gostavas que ela fosse, ela não seria como é, mas sim como gostarias que ela fosse...

Então diz não à desilusão e à dor, nunca esperando mais do que a vida te pode dar, ou seja, nunca te iludas!... Apenas sonha... E se apenas sonhares, e nunca te iludires, aí sim serás feliz...

E para finalizar quero-vos deixar com um pensamento de **Alberto Caeiro**:

O essencial é saber ver

Saber ver sem estar a pensar

Saber ver quando se vê

E nem pensar quando se vê

Nem ver quando se pensa...

Se pensarem bem nisto, verão aqui uma lição bem profunda, e a receita perfeita, que nos leva ao encontro da verdadeira felicidade, e consequente, paz de espírito...

Ouve o que te digo...

Quantas vezes sonhaste com uma coisa que não gostavas que te acontecesse?... Se pudesses entrar nos teus sonhos e mudar-lhes o final de maneira que o sonho acabasse da maneira como tu querias e não como ele deveria acabar, não o farias?... Claro que sim!...E mudarias o teu sonho, o teu rumo, o teu destino... Então, porque não o fazes?...

Entra nos teus sonhos...

Entra nos teus sonhos, visualiza-os na tua mente, incute-lhes a força do teu desejo, e eles começam a se materializar, e quando finalmente acordas, abres os olhos, e o que vês na tua frente não são sonhos, mas sim objectivos alcançados. Apenas só tens de entrar nos teus sonhos...

Muda o teu destino...

Há escolhas que fazes que não deverias fazer...

Há caminhos que segues que não deverias seguir...

Há opções que poderiam ser diferentes...

Por isso quando achares que tudo está mal...

Faz as escolhas que não fizeste...

Segue os caminhos que nunca trilhaste...

E opta pelo que nunca quiseste...

Se fizeres isso...

Terás as respostas que nunca tiveste...

Acharás caminhos que nunca conheceste...

E encontrarás a felicidade pois nunca a procuraste...

Só tens de fazer apenas uma coisa...

Mudar... Por isso, muda!... Muda o teu destino...

Razão da minha existência...

Acordei... Acordei para mais um dia banal e vazio da minha vida... Vida ausente de sentidos, revestida de desilusões, e apagada pelo tempo... E levantei-me... Que remédio tinha eu senão me levantar?... Dizem que a vida continua... E na hipocrisia máxima da minha existência, levanto-me porque sei que tenho, e preciso, de continuar... Continuar a viver... Como se isso fosse possível... Como posso eu continuar?... Mas tenho de acordar... Tenho de acordar para a realidade e ver que, mais vazio do que essa minha vida vazia, é o vazio da própria vida... E quando começo a pensar assim já não me sinto tão fraco, tão vazio... E então levanto-me. E é aí que vejo que, apesar de tudo, vale a pena me levantar... E levanto-me para a realidade da minha existência e tento quebrar as correntes que me aprisionam nessa solidão do meu existir... Numa existência que já não faz sentido mas que me conduz a um caminho que não conheço mas que sinto que preciso de o percorrer... E se não o seguir nunca conhecerei o fim da minha estrada, a razão da minha existência... E só quando souber essa razão, a minha vida deixará de ser vazia... E é por isso que insisto em me levantar a cada dia... E a cada nascer do sol, lá vou eu me levantando na esperança que um dia possa encontrar essa razão...

A razão da minha existência...

Nos corredores da morte...

Há quem viva nos corredores da morte, ou seja, que caminham para lá ou que já estão lá... Vivem duma forma fria em que passam o dia-a-dia viciados no trabalho criando-lhes uma dependência tal que se absorvem de tal maneira que se esquecem de todo o resto... Família, amigos, até o simples "descontrair", já nada interessa. Vive-se num mundo de consumismo, de pressas, de stress, e esquece-se do principal como um simples: "Olá fofa, tudo bem?... Como correu o teu dia?", quando se chega a casa, ou fazer um simples carinho ao filho ao invés de se agarrar ao comando e colar-se na T.V. a ver futebol... E nem vou falar das horas que se passam na net em que certas pessoas chegam a passar horas a fio ao ponto de já não saberem se é dia ou noite. Há uma falta de noção de tempo e de prioridades a cada dia que passa e as pessoas não usufruem da vida na sua plenitude e são, consequentemente, infelizes e deprimidas, o que as faz sentirem-se vazias e que tentam preencher esse vazio com coisas fúteis e banais... Por isso é que digo que as pessoas que assim vivem, já vivem no corredor da morte...

Xô... infelicidade...

Infelicidade... Termo que serve para definir o contrário de ser feliz...

Não... Não está no dicionário assim, mas essa sim é a minha perspectiva. Bem voltemos ao assunto...Se a infelicidade é o contrário de ser feliz, só tens de saber o que entendes por ser feliz e tentares fazer por isso, para que possas contrariar a infelicidade, certo?... Então, se tu próprio não sabes o que é que te faz, ou pode te fazer, feliz, como podes querer contrariar a infelicidade?... Então define os teus objectivos nessa vida, luta por eles, e verás que a infelicidade nem te aparece...

E se aparecer só tens de dizer... Xô infelicidade...

Ooops... Enganei-me!... Desculpa!...

Acho piada a certas pessoas. São arrogantes, prepotentes, estúpidas e frias, e depois dizem como que um desabafo: "Não sei o que se passa comigo... Minha vida é um completo vazio..." Até tenho pena, mas se essas pessoas deixassem de ser arrogantes, prepotentes, estúpidas e frias, e passassem a ser mais humildes, mais altruistas, mais compreensivas, e mais queridas com as outras pessoas, estas mesmas pessoas iriam retribuir isso na mesma medida preenchendo assim o vazio das vidas dessas pessoas, e aí elas nunca poderiam dizer que as suas vidas eram um completo vazio porque já tinham percebido o significado da palavra Amor... Se não é assim, só tenho uma coisa a dizer...

Ooops...Enganei-me!... Desculpa!...

Na leveza do ser...

Pessoas egoístas, avarentas, frias, arrogantes, prepotentes, são pessoas tristes e suas vidas são um completo vazio. As pessoas que, ao contrário dessas, são tudo menos egoístas, avarentas, frias, arrogantes e prepotentes, dão espaço nos seus corações, e nas suas vidas, para coisas com bastante mais significado como o Amor, a partilha, a amizade, a alegria, e a compaixão, e tornam-se pessoas cada vez mais puras e ao serem assim, tornam-se cada vez mais leves e um dia acabam por viver na leveza do ser...

Liberta-te do rancor...

Liberta-te! Liberta-te do rancor... Pois se o guardares, torna-se uma emoção reprimida e vai crescendo cada vez mais dentro de ti... E ao crescer, torna-se cada vez maior, ao ponto de te preencher totalmente não deixando espaço para mais nada, nem para emoção alguma... Por isso, como podes querer ser feliz?... Por isso, liberta-te...
Liberta-te do rancor...

Aceita o teu sofrimento...

Aceitar o sofrimento é uma outra forma de crescer... De nada te vale tentar impedir que ele em ti entre... Seria uma luta vã e ele acabava por entrar na mesma... Por isso aceita e, se tiveres de chorar, chora... Pois é chorando que te libertas da dor, e te libertando da dor, cresces... Amadurecendo. E é amadurecendo cada vez que sofres, que não voltas a repetir os erros que te fazem sofrer! Por isso aprende a crescer mesmo que isso signifique aceitar o teu sofrimento...

Que saibas sempre perdoar...

De que vale quereres mudar e ser uma melhor pessoa, se não és capaz de perdoar?...Como podes querer que te perdoem?.... Pois é perdoando que alivias a pessoa da sua culpa e do seu pecado e, ao fazeres isso, sentes-te mais leve, e cada vez que perdoas, a tua leveza é cada vez maior ao ponto de te tornares mais puro, mais humano, mais Homem e, consequentemente, mais Deus...Por isso o meu único desejo é que saibas sempre perdoar...

Realiza os teus sonhos...

O grande **Pessoa** disse: *"Deus quer, o Homem sonha, a obra nasce...".*
Há aqui quase que uma chave para abrir as portas ao sucesso. Claro que o Homem tem de sonhar, Deus tem de querer, para a obra poder nascer... Mas vejamos... o Homem sonha.... Primeiro, o Homem tem de sonhar... O sonho nasce no Homem e com o Homem. Visualiza o teu sonho, dá-lhe toda a força do teu desejo, e ele começa, aos poucos, a se materializar. Pede a Deus com fé que Ele atenderá o teu pedido, e

quando deres por ti, aos poucos, o teu sonho passa a se tornar real e, aí sim, é que a obra acaba por nascer. Mas para isso tens de sonhar... E sonhos, quem não os tem?... Por isso realiza... Realiza os teus sonhos...

Viagem ao interior de ti...

Acho interessante que certas pessoas gostem tanto do Universo, do desconhecido, do infinito, e não são capazes de ter interesse por algo tão grande como o Universo, de tão desconhecido, e de tão infinito como ele próprio. Esse algo é o interior de cada um de nós. Também gosto do Universo, do desconhecido, do Infinito, mas gosto mais do meu interior. Mergulhei uma vez dentro de mim e de lá nunca mais quis sair. Conheci mundos que não conhecia, senti emoções que não sabia sequer que existiam, e que eu as possuía, atravessei galáxias perdidas numa solidão infinita dentro de mim.... Mas foi aí que comecei a me conhecer e a me perceber melhor... Acho que todas as pessoas deveriam fazer o mesmo... Conheciam-se a si, e a tudo o que os rodeia, um pouco melhor e seriam um pouco mais felizes... Por isso, acho que sim... Acho que deverias fazer uma viajem ao interior de ti...

Lição de moral...

Um dia fui visitar um amigo e, pelo caminho, um rapaz pediu-me lume. Parei, acendi-lhe o cigarro mas ao mesmo tempo perguntei-lhe: " Não és muito novo para fumares?...", ao qual ele me respondeu: " Já sou um homenzinho... afinal já tenho 17 anos". Acabando de dizer isso, atira o cigarro para o chão e, de novo, lhe dirigi uma pergunta. " Então, porque atiraste o cigarro?...", e ele retorquiu: " Eis que minha mãe aí vem, e se ela me vê fumando, bate-me outra vez...". Parei, pensei, e disse: " Então já não és um homenzinho?...", e ele finalizou com essa frase que nunca esquecerei..." Disse-lhe que era um homenzinho... Nunca lhe disse que era um homem. Para ser um homem, a minha mãe ainda vai ter de me bater muitas vezes, porque cada vez que ela me bate é para o meu bem e para que me torne um homem, e só tenho de aceitar isso...Por isso quando ela me bate eu aceito, pois quero um dia ser um homem e se ela me bate é porque ainda não o sou...

Ao olhar uma rosa...

Por vezes ao olhar uma rosa, ao contrário de muita gente, fico triste...
Bastante triste mesmo... Para mim em tudo na vida há um simbolismo.
E para mim uma rosa linda, fresca, são como certas pessoas no início
duma relação. Com o passar do tempo a rosa murcha, seca, e finalmente
vira pó, e aí faço a comparação com as ditas pessoas. Mostram o que
não são, e com o passar do tempo, mostram o que realmente são, e se
formos comparar o pó que restou da rosa com a personalidade dessas
mesmas pessoas, veremos que não há diferença nenhuma. Por isso é que
fico triste. Muito triste mesmo... Ao olhar uma rosa...

Como uma rosa...

Há outras vezes que quando olho uma rosa, sinto algo diferente. Sinto
que quero acabar como elas. Não no sentido de virar pó pois isso é óbvio
demais. Mas sim num sentido diferente. É que mesmo depois de virar pó,
a gente nunca se esquece de quão linda ela era. E é assim que quero

acabar...Que depois de virar pó, as pessoas não se esqueçam da beleza e da pureza que eu tinha em mim, ou seja, no meu interior...

Lindo e puro como uma rosa...

Como o orvalho da manhã...

Alguém já se perguntou como aparece o orvalho da manhã?... Ou o que ele tem de passar até chegar a nós, fresquinho, pela manhã?... Enfrenta o frio, a chuva, mas lá ele resiste e consegue chegar a nós em todo o seu esplendor... Assim deveria ser a nossa vida... Com todas as dificuldades que temos, deveríamos tentar ultrapassar todas elas para que, quando nos apresentássemos a Deus, nos conseguíssemos apresentar em todo o nosso esplendor... Belos e puros tal como o orvalho da manhã...

Balanço da minha vida...

Tinha eu 11 anos quando a minha mãe me ensinou a orar... Sim a orar!... Falar com Deus e não repetir ladainhas vãs, pois isso a Deus não interessa de forma alguma. Aprendi, ao fim do dia, a falar com o meu

Amigo Jesus e expôr-Lhe os meus problemas, as minhas dúvidas, os meus medos... Agradecer as minhas graças e também a pedir outras. Mas também aprendi a fazer a minha "retrospectiva diária" antes das minhas orações do tipo: "O que fiz hoje?"... "Com quem falei?"... "Quem ofendi?"... "O que deveria ter feito e não fiz?"... "Onde, quando, e com quem errei?"... E depois de analisar tudo isso, tentava que no dia seguinte eu conseguisse ser uma pessoa melhor do que naquele dia. E ao fazer essa retrospectiva diária, senti que cada dia que passava, os resultados positivos eram cada vez mais visíveis na minha vida...

Acho que todas as pessoas deveriam fazer o mesmo. Façam como eu que todos os dias faço o balanço da minha vida...

Numa praia à noite... (Numa noite qualquer...)

Já viste uma praia à noite?... Naquelas noites em que a noite está tão escura que aquela luzinha que vês ao longe, não sabes se é uma estrela ou um barco no mar?... É a essas noites que eu me refiro... Nessas noites, sento-me na areia e fico olhando as estrelas, os barquinhos no mar, e ao longe centenas de pequenas luzes na costa, e começo a pensar que, por trás daquelas luzes, existem casas onde existem famílias... Famílias que não conheço, com histórias que não sei, pessoas com quem nunca me cruzei (?) e olho as luzinhas no mar e sinto o mesmo em relação aos barcos: "Vão para onde?"... "De onde vêm?"... e às pessoas: "Quem são?"... "De onde vêm?"... "Para onde vão?"... "Será que retornam?"... Em relação às estrelas que vejo no céu, não sei quem ou o que são, de onde vêm, e para onde vão... Simplesmente não sei o que pensar....Apenas sei o que sinto quando as vejo... Numa praia à noite... Numa noite qualquer...

Olhando uma estrela cadente...

Vi!... Vi uma estrela cadente... Ela era linda, linda... Só é pena que foi rápida a sua passagem. E isso fez-me lembrar da brevidade da vida humana. Depois apercebi-me que a estrela cadente simplesmente desaparecia no vazio... Teria desaparecido mesmo?...Ou simplesmente já estaria tão longe que o olho humano já não a conseguia alcançar?...
E assim me pergunto em relação à vida: Será que ao morrermos a gente desaparece ou vamos para um sítio que o olho humano não consegue alcançar?... Acho que a resposta está nas estrelas cadentes... E enquanto eu não achar a resposta vou continuar a olhar para elas...

Como uma gaivota...

Às vezes vejo uma gaivota e vejo com que paz ela voa, rasgando o vazio com o esplendor da sua presença... Como eu gostaria de passar por essa vida e marcar a minha simples existência como uma gaivota...

O significado duma lágrima a cair...

Dor, raiva, saudade, nostalgia, amor, desespero?... Que significado tem uma lágrima a cair?... Independentemente do motivo que faz com que a lágrima caia pelas tuas faces, que varia de situação para situação, o que para este raciocínio é-nos completamente indiferente, o importante é que quando ela quiser cair, que tu a deixes cair...Mas o que faz com que ela caia?...Que necessidade é essa que temos de chorar?...Que alívio consolador é esse que sentimos depois duma lágrima cair?... Se seguires sempre este raciocínio, pode ser que um dia percebas o significado duma lágrima a cair...

Alcança o infinito...

Há pessoas que olham o céu, desejam o céu, e poucos são aqueles que realmente chegam a alcançar o céu... E há aqueles que nada desejam, nada esperam, e consequentemente, nada alcançam... E há aqueles ainda que não desejam o céu, mas sim o Absoluto, mas como o Absoluto só a Deus pertence, acabam alcançando "apenas" o infinito...Pois aquilo que sonhas é aquilo que terás...Então para quê sonhares com o céu, quando podes ter o infinito?...

Pobreza de espírito...

Há dias vi um senhor de meia idade a pedir esmola...Deu-me pena dele naquela altura. Horas mais tarde, e já regressando do meu trabalho, vi o mesmo senhor deitado na beira duma rua rodeado de vómito por todo o lado, e só aí me apercebi que, com o dinheiro conseguido nas esmolas ele em vez de obter o seu sustento diário, consumia-o todo na bebida.
E aí senti raiva... No dia seguinte vi-o no mesmo sítio a fazer o mesmo, e

ao voltar do trabalho, ví-o da mesma maneira. E aí tive pena...

Confusão ou paranóia minha?...

Faz-me confusão certas coisas... Os políticos prometem tudo e nada cumprem... Os chefes da Igreja ensinam a melhor conduta e muitos são, infelizmente, os que a quebram primeiro... Os pais ensinam aos filhos o que nunca fizeram nem são capazes de fazer... Os filhos não obedecem porque assim lhes convêm... A fidelidade no casal já virou utopia porque ser fiel já não faz sentido... Os Tratados de Paz apenas servem para serem quebrados, porque se não houver guerra, como podem os países exportadores de armas fazer "algum" dinheiro?... Será esse mesmo o mundo em que vivemos ou será que é apenas, confusão ou paranóia minha?...

Agora compreendo...

Um dia li uma passagem na Bíblia que me incomodou muito e que me deixou bastante confuso... Jesus chegou ao Templo e, ao ver todo o *negócio que faziam na casa de Seu Pai, destruiu todas as bancas, soltou as pombas e animais, destruindo tudo o que encontrava pelo caminho.*

Só mais tarde percebi, mas mesmo assim custava-me a acreditar que Jesus tinha agido daquela maneira. E pedi a Jesus uma luz no meu coração para que pudesse perceber melhor o porquê daquela Sua atitude. Passaram-se alguns dias até que duas pessoas me bateram à porta de casa e queriam-me falar do Evangelho e da vida de Jesus e, como é um assunto que me interessa, deixei-os entrar. A conversa decorreu normalmente e só me "passei" - desculpem o termo - quando já me estavam a perguntar quanto eu ganhava de ordenado, e já me queriam impingir uns papéis do dízimo, (10% de tudo o que se ganha), para levarem consigo para a dita igreja. Apenas lhes perguntei: "Vocês vieram aqui para me trazerem o Evangelho ou para me levarem o ordenado?"... E pûs-lhes no olho da rua...Agora compreendo a atitude de Jesus... Sim, agora compreendo...

Senhor perdoa-lhes... Eles não sabem o que fazem...

Acho piada às claques de futebol, aos partidos políticos, e a certos grupos de elite que esbravejam por tudo e por nada, e por coisas muitas vezes sem significado nenhum, e não são capazes de levantarem um pouco as suas vozes ao céu a agradecer a vida que Deus lhes deu... Só me/nos resta dizer: "Senhor perdoa-lhes... Eles não sabem o que fazem...

Quem sou? / Onde vou?...

Houve alguém que me disse um dia: "Não sei quem sou nem para onde vou".... Não concordo totalmente. Prefiro pensar que..."Não sei donde vim nem para onde vou... Mas sei quem sou e onde estou..." E também sei onde quero ir... Se eu não soubesse quem sou, e o que sou, como poderia saber onde ir?... Ou, simplesmente, onde gostaria de poder ir?... Acho que se, cada pessoa souber definir prioridades e objectivos nas suas vidas, e lutarem por eles, aí sim, saberão quem são e onde querem ir... Apenas há que fazer por isso... E se assim o fizerem, concordarão comigo quando digo que..."Não sei donde vim nem para onde vou, mas sei quem sou e onde estou... Mas também sei onde quero, e posso, ir...

Custa-me tanto pensar...

Custa-me tanto pensar... Sim! Custa-me tanto pensar que te perdi... Pensar que já foste minha e eu teu, que me amaste e te amei, que partiste, e no quanto chorei... Chorei... Chorei bastante quando me apercebi que nunca mais serias minha e eu teu... E que nunca mais me amavas como te amei... Doeu tanto sofrer... Doeu tanto chorar... Doeu mais te perder... E mais ainda não te poder amar... Por mais que sofra, e por maior que seja este meu sofrimento, de nada valerá pois sei que nunca mais irás voltar... Se soubesses... Todas as lágrimas que por ti derramei, todas as noites que não dormi, todas as mulheres que não amei, e tudo o mais que senti... E é por isso que me custa tanto pensar... Como pode não doer, se é pensando nas coisas que penso, que me lembro que te perdi?... E ao pensar em tudo isso, como posso não sofrer quando penso?... E é por isso que, ainda hoje, custa-me tanto pensar...

Pensamento conjunto...

Existem pessoas e pessoas... Existem pessoas que, apesar das suas aparências modestas, lá no fundo, lá bem no fundo, nem que seja duma forma inconsciente, julgam serem melhores do que os outros. E casos há ainda bem piores quando, por exemplo, pensam que são melhores do que toda a gente. E há pessoas que, apesar do seu valor, possuem uma grande humildade. Têm noção do seu valor, e sabem disso, pois mostram-no no dia-a-dia mas mesmo assim não se julgam melhores do que ninguém e, acima de tudo, estão sempre dispostos a aprender e a ajudar. Ou seja, exactamente o oposto. Por isso é que isso me faz pensar que existem pessoas e pessoas... Mas já agora... Em qual desses grupos você se encontra, caro leitor?...

Pensar em nada...

Hoje não me apetece pensar em nada... Mas se pensar nisso, já estou a pensar em alguma coisa. Então como posso fazer para não pensar em nada?... Não sei !... Talvez seja impossível...Passo a vida a pensar em tudo. Penso em tudo e não chego a conclusões nenhumas. E é quando não penso em nada, que acabo encontrando algumas respostas. Talvez seja por isso que hoje não me apetece pensar em nada...

O Amor dum homem...

O cúmulo da paixão dum homem por uma mulher é quando ele sossega a sua paixão numa indiferença disfarçada. Quando essa indiferença é utilizada ao ponto de chegar ao desprezo, então esse homem chegou, não ao cúmulo do desprezo mas sim, ao cúmulo do ridículo e esse homem não merece o teu Amor. Esquece-o simplesmente...

O Amor duma mulher...

Quando uma mulher se torna indiferente em relação ao Amor dum homem então deve-se aplicar o ditado: "Água mole em pedra dura tanto bate até que fura..." Não no sentido de "insistir" mas sim no sentido de "nunca desistir". Ela perceberá o teu Amor e finalmente cederá, pois simplesmente toda, e qualquer, mulher não resiste a um bom galanteio, e quem melhor do que nós homens, modéstia à parte, para saber como se deve tratar uma mulher?... Sentir-se segura e amada, e saber dialogar com ela, é essa a receita para todo o homem saber como fazer uma mulher feliz... Trata-a sempre assim, e saberás o verdadeiro significado do Amor duma mulher...

A grande diferença...

A grande diferença entre o Amor dum homem e o Amor duma mulher, pensando que não, é apenas o sexo....Não o sexo no sentido literal mas sim no facto de serem sexos diferentes a sentirem o mesmo, apenas duma forma diferente....Apenas porque são diferentes...

(Em relação a alguém que não vejo há muito tempo e que apenas mantenho contacto telefónico mas que nem por isso deixa de ser uma pessoa muito importante para mim...)

Tua voz transcende meu pensamento, invade o meu ser, queimando cada partícula imensa de minha alma... Não preciso da tua imagem para sentir a tua presença... Adoro-te!...

Minha insignificância / Insignificância humana?...

Na abstracção do meu ser continua a existir um universo paralelo e indiferente à minha existência... Se sou assim tão insignificante, porque Deus continua a permitir que eu exista?... Talvez porque a existência humana não seja tão insignificante quanto isso...

A importância dos outros para ti...

Se quiseres saber a importância de algo - ou alguém - para ti, limita-te a deixar perder esse algo - ou alguém - da tua vida, e logo vês até que ponto esse algo ou alguém, é importante para ti... Se ficares indiferente, esquece... Se não o conseguires, imortaliza-o, conservando-o em tua alma e coração...

Conhece-te a ti próprio...

Tento me conhecer na totalidade senão nunca me sentirei completo, pois se não o fizer, nunca me conhecerei completamente, e se eu não me conhecer a mim próprio, como posso me dar a conhecer às outras pessoas?... Por isso faz como eu... Tenta te conhecer a ti próprio...

Cuidado com o que dás e a quem o dás...

Nunca dês tudo o que tens, porque quem dá tudo o que tem, acaba recebendo o que não tem, e o que nunca terá, ou seja, aquilo que não merece... A estupidez e a incompreensão de toda a gente. Portanto dá simplesmente, não conforme te vão pedindo, mas sim conforme vão merecendo...

Não te convém preparares...

As surpresas, tal como as desilusões, aparecem sempre da mesma forma... De uma forma gradual e inesperada, portanto não te prepares para elas, porque quanto mais te preparares, mais elas te aparecem...E elas farão questão de te apanharem desprevenido... Portanto, não te convém preparares...

Respira...

Respira...Respira calmamente... Relaxa a tua mente e o teu espírito... Vê-te a flutuar saindo do teu corpo... Viaja no tempo e no espaço... Vai ao teu passado e corrige-o... Vive o teu presente... Aceitando-o... Vive o teu futuro... Visualizando-o, mudando o que não queres, e transportando oque desejas para o teu presente... Vive-o e sê feliz...

Terapia de relaxamento...

Olha uma paisagem... Imagina como se fosse uma tela de Deus...
Inspira fundo... Bebe e sente a sua beleza... Deixa que ela entre e te
purifique... Sente-te limpa... Sente-te bem... Sente-te em paz com o mundo
e com a vida...

A ti amor...

Na dúvida e no Amor, há um ponto comum: a incerteza. A incerteza do
que há e do que pode haver. Quando acaba essa incerteza, começa aquilo
que eu acho que consegue definir o que por ti sinto. És, definitivamente,
minha eterna interrogação...

Génio/Sábio

Uma vez perguntaram-me para mim qual era a diferença entre o Génio
e o Sábio... Apenas respondi:

"Ser génio hoje em dia é uma mania e ser sábio é, e será sempre, um privilégio e, tal como todo o privilégio, é só para alguns. E o que é só para alguns não é apenas uma simples mania...

Ser esperto/Ser inteligente

A diferença entre o ser esperto e o ser inteligente, é que geralmente quem tem a mania que é esperto nunca é uma pessoa muito inteligente e quem é inteligente é sempre uma pessoa muito esperta.

Quem não percebe essa diferença é simplesmente tolo...

A (in)capacidade de um homem sonhar...

Certa noite olhava a lua e contemplava a sua beleza, o seu mistério, a sua divindade, ao ponto de pensar que numa noite qualquer a sua beleza foi tão embriagante que fez com que o Homem a desejasse...Quisesse tocá-la, senti-la... E o Homem não descansou enquanto não a tocou, não a sentiu... E esse pensamento deixou-me feliz porque me fez ver que quando o Homem quer, consegue realizar todos os seus sonhos e desejos, tal é a sua vontade de os concretizar... Mas se assim o é, porque nem todos os Homens conseguem realizar os seus sonhos?...E isso deixou-me triste porque senti pena... Não pena desses homens mas sim da sua incapacidade de sonhar...

(Carta a uma mulher que bastante amei
mas que nunca tive...)

Às vezes gostava de te dizer certas coisas que sinto e magoa-me muitas vezes não tas poder dizer... Mas se não tas digo é porque simplesmente não as queres ouvir... E quando uma pessoa não nos quer ouvir, o que podemos nós fazer para que essa pessoa nos ouça?...Nada!... Pois é... Também eu não posso fazer nada se não queres me ouvir dizer...

Amo-te!...

(Para a mesma pessoa...)

Existe o prazer físico e o prazer emocional... E existe um tipo de prazer que se situa entre os dois e que, felizmente, nem toda a gente conhece.

É o que sinto por ti... Adoro-te!...

Crónica dum sábado esquecido...

E aqui estou eu sozinho, num sábado à noite, sentado numa mesa esquecida, no canto de um bar que não conheço, num sítio qualquer... É apenas mais um sábado à noite... Não vou para discotecas nem para a"night", como costumam dizer... Daqui a pouco vou para casa, deitar-me na minha cama, e ao fechar os meus olhos, vou mais uma vez entrar no "meu mundo". No "meu infinito"... E o "meu infinito" não é um infinito qualquer. É o "meu" infinito. Um mundo infinitamente sensível e onde a liberdade está ao alcance de qualquer um... Um mundo onde não há guerra, não há dor, nem mágoa, nem Amor... Simplesmente a ausência dos sentidos... Para quê sentir, se é no sentir que está o sofrer?... Para quê sofrer, se é nele que se encontra a dor?... Para quê senti-la, se é ela que nos traz a mágoa?... E com a mágoa, vem o desalento, a apatia, a vontade de não mais viver... E essa vontade é pior do que morrer... E essa vontade só se encontra na vossa realidade, pois na minha realidade, simplesmente a realidade não existe...Simplesmente existe sim, a irrealidade do existir, do sentir, do sofrer... E é nesse mundo em que eu vivo, em que eu me refugio, e é para lá que vou sempre que escrevo, pois escrevo, sem pensar e sem sentir... Já Fernando Pessoa dizia que "pensar é não existir" e que "sentir é estar distraído". Concordo plenamente... Porque quando penso deixo de existir na vossa realidade, para entrar num mundo que só eu conheço, e na ausência dos sentidos não se pensa. Apenas se É... É o ser-se SER na sua plenitude... Lá apenas SOU e não penso... Mas lá também não sinto, pois se sentisse estaria distraído pensando em algo que me faria sentir...E eu não sinto nem penso...Apenas Sou... Sou o Ser que não é Ser... Sou a existência inexistente, sou a inexistência presente... aqui, agora... nessa mesa, nesse canto desse bar que não conheço, num sítio qualquer... Sou a vibração duma energia que já não é, que já não existe, e que apenas se limita a ser...O ser e o não ser....A existir e a não existir... Um ser que não pensa, que não sente, e apenas é o que não sou...ou seja, nada! E é esse nada que quero sempre, e eternamente, ser... O tudo e o nada...O despojamento total de tudo o que é suposto existir... A presença banal, e extremamente reconfortante, de ser o que não sou... O nada, o inexistente, e o tudo que guardo em minha mente... E é por pensar no que não penso, e sentir o que não sinto, que sou o que não sou e que mostro o que sou, ao escrever nesse pedaço de papel, numa mesa esquecida, num canto de um bar que não conheço, num sítio qualquer... Apenas sou o que não sou e que nem gostaria de ser... Apenas sou...

Deixa acontecer...

As coisas acontecem quando têm de acontecer e não quando queremos que elas aconteçam. Quantas vezes lutamos tanto por algo para atingir, para conseguir, ou simplesmente para ter esse algo e, de repente, desistimos?... Simplesmente chegamos a uma altura em que já não somos capazes de acreditar que lá chegaremos. E é quando já não pensamos, e já nem sequer acreditamos, que somos capazes de lá chegar, que as coisas acabam acontecendo. E aí perguntamos: "Lutei tanto e nunca consegui nada e quando já nada esperava, e sem fazer nada por isso, acaba acontecendo o que tanto quis mas que nunca esperava que acontecesse. Porquê?..." Porque a própria vida encarrega-se de fazer com que as coisas aconteçam nas alturas mais adequadas, porque sabe qual a melhor altura para que estas aconteçam. E se nunca se realizar aquilo que tanto querias, porque tanto lutaste, é porque talvez não fosse a altura mais correcta, e se nunca acontecer é porque a própria vida achou que assim seria o melhor para ti. Agora substitui a palavra "vida" pela palavra "Deus". É assim porque só Ele sabe porque tem de ser assim. Vivemos em função d'Ele, e para Ele e nunca contestes isso. Mas, se por algum motivo, te aparecer um desejo na tua mente e no teu coração, quero que saibas que foi Deus que te incutiu esse desejo e que, se Ele achasse que não tinhas capacidade de o realizar, nunca te permitiria tal desejo. Quando um desejo te aparecer, é Deus que assim o deseja também. E se Ele o deseja, ele abrir-te-á as portas que precisas para que realizes esse desejo. Portanto... Deseja, sonha e, confiando em Deus, concretiza. Mas só quando tiver de ser. Nunca apresses nada. Não alteres o rumo da tua vida. Por vezes é melhor deixá-la correr o seu rumo de forma natural e ver o que ela tem reservado para nós. Só tens de acreditar e deixar acontecer...

Mais uma vez divagando dentro de mim...

E mais uma vez estou eu aqui esquecido, numa mesa dum bar que não conheço, num sítio qualquer... Mas o que faço eu aqui?... Aqui, e em todo o lado?...Em todo o lado, e em lado nenhum?...Sou uma presença insignificante perante o grande Absoluto, sou um universo paralelo a mim próprio, uma realidade irreal que não conheço e que apenas me limito a aceitar... Aceitar?... Resignação no que sou e negação do que não quero ser... O que sou?...O que quero ser?... Busca desenfreada do meu "EU", mas o que é o "EU"?... Dizem que a palavra "EU" significa "especial" e "único", mas eu não sou assim... "Especial" porquê?..."Único" de quê?... E torna-se um ciclo vicioso pensar... As perguntas teimam em me aparecer e as respostas em não chegar. Perguntas, respostas... Que teimosia é essa minha?... Que necessidade tenho de perguntar ou de encontrar respostas?... Porque não me limito apenas a viver e ser indiferente ao resto?...Indiferente...Não o consigo ser!... Isso é estar ausente do que se é, e isso não o consigo ser... Não o sou!... Sou a negação constante do que penso, do que sinto e do que sou... Talvez para não ter de aceitar que penso, que sinto e que sou assim... Um ser que pergunta, que busca, que encontra e que, muitas vezes, se desilude nesse caminho que é a vida mas que continua perguntando, buscando e encontrando... E mais uma vez pergunto: O que faço eu aqui esquecido nessa mesa, desse bar que não conheço, num sítio qualquer?...

O meu refúgio...

Tudo passa. Tudo nessa vida passa... Mas muitas vezes nem sequer sabemos o que se está a passar. E há uma fuga constante para um refúgio criado por cada um de nós. Eu tenho o meu refúgio... O meu abismo... O meu abismo emocional. Refugio-me no abismo das minhas emoções e lá ninguém me apanha, de lá ninguém me tira, e de lá saio só quando quiser, por isso é que é o meu refúgio. Adoro lá estar... Ninguém me vê ou sente...E eu vejo tudo e toda a gente e sinto tudo e não desejo nada. E é por ver tudo, e sentir tudo, que de lá não me apetece sair... Antes viver só nas emoções do que viver acompanhado nesta realidade fútil, sem sentido, fria e consumista que se assiste hoje em dia. Antes viver no abismo das emoções... Pelo menos lá estou protegido. E sou compreendido também... Os duendes e as fadas encontram-se comigo e falam-me de outro mundo, e que todas as pessoas deveriam conhecer um dia, e que simplesmente não conhecem por não possuírem a pureza de espírito duma criança. Com eles, os duendes e as fadas falam, por isso não é difícil ver uma criança falar sozinha. Sozinha?!... Será que está mesmo a falar sozinha?... Será que não fala mesmo com outros seres, de outras realidades, com purezas de espírito superiores à nossa?... Claro que sim!... E é disso que os duendes e as fadas me falam, e é exactamente por isso, que os continuo a ouvir... Ouço-os no abismo das minhas emoções, por isso é o meu refúgio e de lá não quero sair... E é assim que sou feliz... Fugindo a essa realidade e entrando no meu refúgio...

Tua realidade...

Projectei-me no vazio, e quando dei por mim, vagueava perdido no infinito... Um buraco negro de emoções, puxou-me literalmente para outro Universo, uma realidade paralela, para mim, desconhecida, mas que mesmo assim continuava a existir. Uma realidade em que reparei em que eu continuava a existir também... Mas a minha vida era diferente....Nem melhor, nem pior...Apenas diferente! E nessa diferença reparei que fazia coisas que na realidade presente, naquela em que infelizmente vivo, não as faço. E perguntei-me porquê... E depois de meditar muito sobre o assunto, a resposta encontrei... O que sou hoje em dia é a soma de todas as opções que entretanto tomei na minha vida. E as opções que não tomei, o que foram feito delas?... Será que numa realidade diferente, eu não continuo a existir tomando essas outras opções, e seguindo assim caminhos diferentes?... Claro que sim!... Pois a realidade é efémera e só tu a podes definir. Resta saber em que realidade vives e aquela que queres continuar a viver... E seguindo essa lógica, optei por viver numa realidade diferente, onde faço o que quero e o que não quero. Onde sou o que não sou, e o que não sou é o que quero ser... E tu, na tua realidade, o que fazes?...

O meu maior desejo e o meu maior medo...

Um dia perguntaram-me qual era o meu maior desejo. Respondi: " Que o mundo um dia conhecesse a paz, a harmonia e o respeito pelos direitos humanos ". Logo a seguir perguntaram-me qual era o meu maior medo. Respondi: " Que a Humanidade não consiga chegar lá...". Infelizmente, meus amigos, ainda hoje sou da mesma opinião. A Paz não é respeitada, a vida humana já não tem valor, e a pessoa já não vale pelo que é mas sim por aquilo que aparenta ser e ter. Vive-se num mundo de hipocrisia onde as máscaras há muito substituíram a sinceridade e a honestidade humanas. Hoje vive-se num mundo onde apenas as regras existem, e só têm lógica de existir, se forem para serem quebradas. Aplaude-se à mentira, escolhendo a hipocrisia como forma de viver, como se de um mito se tratasse a fórmula da sinceridade. É o caos... E é nesse caos que o Homem vive, por isso é que duvido que o Homem possa chegar lá, mas é exactamente por duvidar disso, que faço dessa dúvida o meu desejo e minha derradeira esperança para a Humanidade. Por favor, acordem antes que seja tarde demais...

Na distância de um sonho...

Sonhei... Sonhei que tinha encontrado um grande amor... Depois acordei e vi que tudo não passava de um sonho e que na minha realidade não era bem assim...Vivia sozinho e a sofrer... Até que apeteceu-me dormir... Dormir para quem sabe, de novo, sonhar?... Sonhar que poderia de novo amar... Se pelo menos eu conseguisse amar... Nem que fosse em sonho... Nem que fosse na distância de um sonho...

Os sons do silêncio...

Atirei-me para o vazio de mim, no vazio que me deixaste... Vazio que deixaste quando partiste... Como foste capaz?!... Nem foste capaz de te despedires... Mas agora já nada interessa pois já pertence ao passado... Mas a dor é tão presente, é ainda tão real... Tão real que sinto a necessidade de me refugiar no vazio para não ter de sentir... Prefiro o silêncio do vazio e os sons que ele me traz... o som da paz, do vazio quântico, da matéria vencida pisada pela espiritualidade, da áurea *perdida presa por uma saudade, enfim e assim...me perco e me encontro, me refugio e não sofro quando ouço simplesmente... Os sons do silêncio...*

Uma pergunta de um Anjo a Deus...

Um dia um anjo perguntou a Deus: " Senhor, já corri todos os mundos e universos e apenas uma coisa não percebi: Porque os anjos têm duas asas e o homem apenas uma?..." Deus respondeu: "Eu Sou Amor e tudo o que me rodeia assim o é também...Quando um anjo se apaixona, perde uma asa, é expulso do céu e vai para a Terra e vira homem, ou seja, o homem é um anjo caído... Quando o homem entende que só consegue ganhar a outra asa, quando voltar a amar de novo... quando o homem acha a sua outra asa, e ama verdadeiramente essa outra pessoa, e é correspondido, então ele achou, e finalmente percebeu, o significado da palavra Amor, aí ele ganha a sua outra asa, e retorna ao céu, e o homem vira um anjo...E é assim pois o Amor liberta...

O que resta são os filósofos e os poetas...

A Morte...

Por vezes, penso em coisas que me incomodam... a morte, por exemplo.

E de tanto pensar nisso, cheguei a uma conclusão. Não é que seja uma verdade final mas sim a minha opinião pessoal...Hoje vejo a morte como uma passagem; uma passagem para outro mundo diferente, com matérias diferentes, logo tudo o que é físico lá não tem lugar. Lá só há lugar para a espiritualidade e para tudo o que se relaciona com ela... Se vires a vida como eu a vejo, logo vês e sentes a morte como eu a vejo e sinto... Como uma 2ª etapa da vida em si...Para mim, a vida divide-se em 3 partes bem distintas: a física, a espiritual e a imortal. A física enquanto vives, a espiritual quando morres e a imortal essa não é para todos. Depende do que tu fizeste com a tua espiritualidade enquanto viveste no teu corpo físico. Dependendo do que tu fizeste ficas preso, (ou libertas-te para passares á fase seguinte - a imortalidade), ao mundo espiritual e afundas-te no abismo existindo para sempre sem nunca seres eterno, mas o que obténs é o eterno sofrimento. Caso passes à fase seguinte,(e lembra-te que isso depende exclusivamente de ti e de mais ninguém), entras na imortalidade do ser, atingindo o nível da espiritualidade dos deuses, e aí vives para sempre, mesmo que isso signifique viver apenas em espírito, e morrendo fisicamente para o mundo. Se Deus continuasse homem nunca seria eterno... E é por pensar assim que não temo a morte... Antes pelo contrário, até anseio por ela...

Again and again...

E aquí estou eu, de novo, esquecido numa mesa dum bar que não conheço num sítio qualquer... Mais uma vez, a cena se repete, mais uma vez a nostalgia volta, mais uma vez me ponho a perguntar: " Quem sou eu e o que faço aqui?...", e " Porque me sinto assim?..." Essa infinita ânsia de saber quem e o que sou, aos poucos mata-me...inquieta-me... seduz-me...invade-me!... É a minha sensação de ser e não ser, ter e não ter, existir e não existir... É a minha dualidade existencial... É a minha existência banal a tentar perceber o porquê de tudo isso... E é por ser assim que nesta mesa deste bar, que não conheço me ponho a perguntar, como em outro dia qualquer..." Quem sou e o que faço aqui?...". Não sei nem talvez venha um dia a saber... Por isso continuo a perguntar e espero um dia poder encontrar a resposta...

Individualismo/Todo

Se pensares que és apenas um ser individual separado de um "Todo", então ao prejudicares alguém, pensas que prejudicas um indivíduo e que isso não prejudica o "Todo". Mas se pensares que Tu como indivíduo pertences a um Todo, e por conteres parte desse Todo dentro de ti, tu não pertences ao Todo, tu és o próprio Todo, logo nunca prejudicarás ninguém, pois finalmente percebes que prejudicando um indivíduo afectas negativamente o Todo e consequentemente a ti também. E se mais gente pensasse assim, o mundo seria bem melhor. Pensa nisso...

Porque escrevo?...

Já é noite e aqui em meu quarto sozinho pus-me a pensar... Porque, por vezes, se torna incontrolável essa vontade, quase compulsiva, de estar sempre a escrever?... Escrevo, escrevo... E depois de pensar um bom tempo nisso, acho que já cheguei a uma conclusão... Tenho essa necessidade súbita de escrever talvez para provar a mim próprio que não estou sozinho... Tenho sempre a escrita como refúgio caso as coisas corram mal para o meu lado e não consiga sair dessa solidão... Mas a escrita, para mim, não é apenas uma fuga à solidão, mas talvez sempre uma fuga à realidade... O porquê?!... Talvez para não ter de enfrentar essa realidade, não com medo dela, mas por ter vergonha dela... Duma sociedade falsa, hipócrita, consumista e fria, que há muito se esqueceu dos valores humanos e da própria vida em si, e que de belo nada tem... Uma sociedade que se auto-destrói por não ter a coragem de dizer Não quando deve, e SIM quando ninguém espera... Uma sociedade hostil que afasta os seus, dando lugar a outros que de patriotas, e de patriotismo, nada têm ... Por isso clamo: Abaixo a hipocrisia e a mentira!!!... Leiam os jornais... Onde anda a verdade?... São por essas, e por outras, meus amigos, que vos digo que antes viver no "meu mundo" do que voltar a ver a vossa "realidade".... A escrita, um refúgio?... Não, meus amigos... Talvez a salvação!!!... Por isso escrevo numa tentativa desesperada de me redimir... Porque, quando escrevo, transcendo para níveis que não conheço, onde sinto emoções que nunca senti, onde ganho uma vida que nunca tive... Numa realidade que não é essa, onde o Homem é feliz... Onde a Paz não é um sonho, nem utopia... É realidade!... Onde a fome não existe... É possível!... Onde o Homem pode ser Deus... Onde o Homem é Deus... Porque achas que Deus se fez Homem?... Para provar ao

Homem que ele pode ser Deus... Ou que, pelo menos, tem capacidade para isso ou para lá chegar... O Homem, meus amigos, é que se destrói a si e ao mundo, e não Deus que anda passivo e indiferente olhando para esta merda toda... E é por não pensar, e ser, assim no "meu mundo" que me refugio nele quando escrevo, porque transcendo a níveis que o Homem não compreende e que, talvez por isso, não possa simplesmente lá morar... Só apenas os Filósofos e os Poetas o podem fazer... Por isso escrevo... Porque é na escrita que esta a minha Filosofia de Vida, e na Poesia a salvação da minha alma... Por isso escrevo...

Onde a arrogância nos pode levar...

Acabei de ver na televisão um documentário sobre como os Americanos venceram os Iraquianos na Guerra do Iraque... Impressionante a arrogância dos Americanos, ao expor a fraqueza do (suposto) inimigo daquela maneira, como se matar a Guerra em poucos dias fosse para eles como espezinhar uma barata. A arrogância deles era tão simples quanto isso... Impressionante em que nos nossos dias assiste-se a isso em cada minuto, em cada segundo, em cada momento das nossas vidas... Quando a arrogância é tal que teimamos em desprezar os mais humildes, e em que o acto de desprezar é quase uma arte nobre de viver... Como se de um mito se tratasse a igualdade de classes, senão algo quase utópico, mas de uma utopia com sabor a ironia... Assim pensam as pessoas dos nossos dias... Pois é, meus amigos, por isso não me admira a arrogância dos Americanos... Os Americanos já não dizem: **"In God we trust..."**. Hoje rezam mais assim: **"In guns we trust..."**. Não sei... Pode até ser impressão minha... Como qualquer pessoa do meu signo, sou muito crítico e pode ser que, dessa vez, esteja a exagerar... Mas falar como eles falaram da fraqueza do inimigo, e da maneira como o humilhou, então eles próprios mostraram a sua maior fraqueza e passaram a sua maior humilhação... Acabaram por perder a Guerra do Iraque, o Bush voltou a ganhar as Presidenciais, e passaram pela maior humilhação possível para qualquer Governo Mundial... O mundo continuará a ser o mesmo... Em nada mudará... E eles cairão no esquecimento... Então porquê, meus amigos, essa arrogância?... Digam-me porquê... Já não percebo nada nem ninguém... Acho que vou dormir... Pelo menos enquanto durmo não penso, enquanto que quando estou acordado, tenho de ser real e ver essa merda toda... Por isso antes ir dormir e cagar para isso tudo... E para a arrogância dos Americanos também... Boa noite para vocês também...

Do 11 de Setembro ao ataque de Beslan

Algures por aí, numa tarde qualquer, li numa revista um artigo que falava do Ataque de Beslan... E vi uma foto dum militar russo com um bebé ao colo, e aquela imagem fez-me pensar... Fez-me pensar que Deus, desde o 11 de Setembro ao ataque de Beslan, tem andado a dormir um grande sono... E que sono, diga-se de passagem... Esse Deus, que é suposto ser Omnipresente, onde estava naquelas alturas?... Esse Deus, que é Omnipotente, fez o quê naquelas alturas?... Cá para mim Ele, ou não se importa mais com a raça humana, e abandonou-a ao seu próprio destino, ou então, por um dia ter dado ao Homem o livre-arbítrio, anda agora de mãos atadas e não pode fazer nada, a não ser assistir duma forma passiva a essa merda toda... Ataques terroristas fazem-me lembrar os Tempos Apocalípticos que se descrevem na Bíblia... A Fome Mundial, as Novas Pestes - (Sida, Ébola, Malária, etc...) - fazem-me lembrar o Fim dos Tempos... Será que Ele está mesmo assistindo passivo a esta merda toda, ou prepara-se para dar início a um Novo Ciclo Mundial?... Terão sido o 11 de Setembro e o ataque de Beslan, avisos do que o Armagedon esta próximo?... Será que estamos no Princípio do

Fim?... Ou será que começamos a entrar no Princípio duma Nova Era?...
O fim da Raça Humana e o início duma Nova Raça?... Se calhar Deus
achou que o Homem já não merece viver neste Paraíso que é a Terra, e
deixa simplesmente que o Homem se auto-destrua para dar início aos
Novos Céus e a uma nova Terra, que um dia Ele prometeu, para uma
Nova Raça?... Mas Ele também disse que alguns de nós sobreviveríamos
ao Armagedon. Resta-nos perguntar a nós mesmos, se somos um dos
dignos sobreviventes dessa Raça a que pertencemos para passarmos um
dia a pertencer a essa nova Raça, com uma Nova Terra, debaixo de um
Novo Céu, sob o olhar atento, sempre, desse mesmo Deus?... Ele não anda
passivo assistindo a esta merda toda; Ele apenas está à espera da altura
certa para se manifestar perante essa merda toda... E tanto o 11 de
Setembro como o ataque de Beslan foram apenas alguns dos sinais que o
Fim está perto... A mim dá-me muito que pensar... E tu, pensas nisso?...

Escolhidos/Iluminados...

De novo aqui recolhido na solidão do meu quarto, me ponho a escrever...
Hoje houve algo que me incomodou todo o dia... Saber qual a grande

diferença entre os **Escolhidos** e os **Iluminados**... (Se bem que ambos são pessoas iluminadas e pré-escolhidas também pelo mesmo Deus que nunca dorme e que a tudo assiste...). Então qual a diferença?... Ou melhor, qual a grande diferença?... Então, depois de tanto pensar, cheguei à conclusão de que os **Escolhidos** são aqueles que são pré-escolhidos para desempenharem uma determinada função que mais ninguém a conseguirá executar, nem mesmo os mais **Iluminados**... E os **Iluminados** são aqueles que zelam por todos, mesmo até pelo **Escolhidos**... Confuso?... Não!... Não é assim tão confuso... Segue comigo o raciocínio que eu segui... Por exemplo, os **Escolhidos** são pessoas que, antes de nascerem, foram escolhidos por Deus para executarem uma missão nessa vida, e a missão deles é daquelas que nunca tem um fim... Por exemplo, um missionário quando acaba a sua missão e regressa a casa, ele não deixa de ser missionário por isso, ou seja, ele pode, e deve, continuar a sua missão... Ele pode ter sido escolhido por Deus para ter essa missão - (e porque não?!...) - o que não quer dizer que um **Escolhido** tenha de ser propriamente um missionário... Ele pode ser qualquer um de nós, mas essa pessoa tem uma missão diferente... Foi escolhida para desempenhar uma determinada missão, e depois regressa exaltada espiritualmente aos céus para completar a sua missão e regressa, finalmente, depois ao descanso eterno... Enquanto que os **Iluminados** são aquelas pessoas que têm uma pureza tal que são Santos, Profetas, Filósofos e Poetas, e que, enquanto vivem, zelam pelo bem estar espiritual de todos... Quantos mártires existiram, e morreram, para que a Verdade existisse, e permanecesse, ao longo dos séculos, e chegasse até aos nossos dias, para que o sangue inocente derramado não tivesse sido em vão?... Quantas mortes desnecessárias foram precisas para que a Verdade chegasse até nós, caro leitor?... E existem aquelas pessoas que perguntam: **"Mas o que é a Verdade?..."**. Também **Pôncio Pilatos** fez a mesma pergunta a Jesus, e tal como Ele, nada responderei... Resta a cada um de nós tentar descobrir o que é essa Verdade, e se a nossa Verdade anda lá por perto... Se não estiver, meus amigos, pelo menos ainda podemos ser um dos possíveis **Escolhidos** futuros. Mas enquanto não chegamos lá, porque não tentamos iluminar um pouco mais as nossas mentes, deixando de criticar tanto, e tentando fazer mais alguma coisa do que simplesmente criticar?... Não olhando tanto para o nosso umbigo e tentando olhar mais para as necessidades do próximo?... É-me deveras angustiante pensar que num planeta como o nosso, fonte de tanta comida e riqueza, ainda se possa passar fome enquanto que existem outros que nem sabem o que fazer ao dinheiro que possuem... Mas será mesmo?... Não serão eles próprios possuídos pelo dinheiro e não o dinheiro que se deixa possuir por elas?... Nunca se sabe onde acaba a posse e começa a possessão... Meus amigos, nunca se deixem possuir pelo dinheiro, nem por nada deste mundo, porque essas coisas são mundanas e passageiras... Deixem-se, sim, levar pela Verdade que não é mundana nem nunca passa. É eterna!...Ee quem perceber isso, já fica com uma leve

noção do que é ser um **Escolhido** e do que é ser um **Iluminado**... *Quem*
conseguir perceber a diferença, percebe o que quero dizer, e seguiu
atentamente o meu raciocínio... Até amanhã... Amanhã voltarei...

Mea culpa...

Desculpem... Disse que amanhã voltava e levei três dias para voltar...
Não é que eu não quisesse mas talvez porque não pudesse... É diferente.
E sei que vocês vão compreender... Vou aproveitar para partilhar algo
de muito nojento que vi esta semana que se passou... Há uns dias atrás
assisti a uma cena, no mínimo, insólita... Ia a passar pela baixa da
cidade quando vi um padre expulsando um sem-abrigo da igreja. Ou
melhor, uma sem-abrigo... Dormindo na rua ou não, não deixa de ser
uma Mulher e, como toda e qualquer Mulher, merece todo o respeito. E
que exemplo deu aquele padre, supostamente sendo um representante de
Cristo na Terra, com aquele tipo de atitude?... Quando a Igreja não os
aceitar, quem os aceitará?... Jesus andou com bandidos, alcoólicos,
prostitutas, e com todo o tipo de marginalizados da sociedade, e afirmou
*sobre estes várias vezes: "**Não são os bons que vão aos médicos. Um***

médico precisa estar entre os doentes". Afinal esses é que precisam, e/ou procuram, uma cura. Então tentei imaginar-me na pele daquela sem-abrigo... Se aquilo me acontecesse, como me sentiria?... Sentir-me-ia discriminado e, mais uma vez, me isolaria, não só do padre, como de toda a sociedade. E se fosse o padre, como me sentiria?... Depois daquele acto repugnante, como celebraria uma missa e pediria às pessoas para amarem o seu próximo, independentemente da sua Raça, Cor, ou Religião, se eu não era capaz de fazer o mesmo, para poder dar o exemplo?... Eu simplesmente não o conseguiria fazer... Mas, pelos vistos, o tal padre o conseguiu... E ele continua por aí, celebrando missas e a pedir que **"nos amemos uns aos outros como Cristo nos amou"**... E a tal sem-abrigo continua por aí, dormindo pelas ruas, afogando-se em álcool, talvez para se esquecer do que se passou... Ou talvez até não pense mais naquele triste episódio, porque eles - sem abrigo - já estão tão habituados a serem discriminados, que talvez ela até já nem se lembre do que se passou... E aqui fica a pergunta: "De quem é a culpa?... Do padre ou da sociedade hipócrita e nojenta em que vivemos?"... Fica a pergunta no ar... Mas prefiro pensar que a culpa é um pouco de todos nós... Por isso faça como eu... Bata no peito e diga: Mea culpa!...

Reencarnação...

E voltamos á eterna teoria do "dejá-vu"... O corpo tem um prazo de validade. O Espírito, esse, é eterno!... E, como tal, reencarna de corpo em corpo, de vida em vida, até conseguir a pureza máxima, conseguindo assim a exaltação, voltando consequentemente à Energia Divina que o criou. No corpo em que vivemos, este que agora possuímos, por vezes acontece olharmos nos olhos de outras pessoas e reconhecemos o que está para além deles, ou seja, o Espírito. Quando isso acontece mutuamente são dois Espíritos que se reconhecem doutras vidas, mas que nesta vida não se conhecem por possuírem corpos diferentes. Daí reconhecerem-se mutuamente mas não sabem donde. O mesmo acontece quando visitamos um sítio onde nunca tivemos mas que, sem dúvida, reconhecemos, e reconhecemos de tal modo que nos é impossível negar que já lá estivemos. O "dejá-vu" é uma das provas irrefutáveis de que não só a Reencarnação existe, como a Vida Eterna é possível... Daí que não me importe de morrer. Pode até ser que meu Espírito reencarne noutro corpo, numa outra Vida, num outro Espaço/Tempo e, quem sabe, se minha vida nessa altura seja melhor?... Mas para merecer esta outra vida melhor, primeiro vou ter de dar o meu melhor nesta que agora me encontro. Não posso me deixar atrasar. Posso não ter muito mais tempo de vida. E, por falar nisso, tenho de ir trabalhar. Mas vou com a promessa de que amanhã voltarei... (e dessa vez eu estou a falar a sério...)

Como as nossas emoções nos podem levar a Deus...

Platão um dia defendeu a ideia de que as emoções nos impediam de pensar como deve ser. Como o passar do tempo a Ciência provou que Platão estava errado. Porque Razão e Emoção não se excluem uma à outra. Antes pelo contrário. Precisamos que as emoções nos ajudem a tomar decisões racionais. Até porque as emoções afectam não só o que fazemos mas também a forma como pensamos. Tem uma influência enorme no nosso desempenho intelectual. Pensar duma forma positiva torna-nos mais criativos. Relacionamos melhor as ideias e recebemos a informação duma forma mais natural, por isso começamos a pensar e a sentir diferente. E temos necessidade de exprimir essa nossa diferença de pensar e, principalmente, de sentir. E é aí que se começa a sentir a necessidade de inovar e de criar. Mas também está provado que em situações emocionais cheias de tensão, como um acidente por exemplo, o cérebro aponta pormenores que não são registados pela nossa Mente Consciente, podendo desencadear-se, mais tarde, ataques de pânico. Portanto a nossa maneira de pensar é que nos faz agir da forma como agimos. Se soubermos gerir os nossos Pensamentos conseguiremos gerir as nossas Emoções. Isso é que é a **Inteligência Multifocal**, que **Augusto Cury** tanto defende e com muita razão... Se é a nossa maneira de pensar que nos faz agir da forma como agimos, logo pensamos e já fazemos e, por consequência, somos e fazemos o que pensamos ser e fazer... Mas também posso estar errado. Mas se tiver, estou porque estou baseado no que a Ciência afirma que já provou. Mas será que, tal como Platão, tinha a certeza estar certo e, no entanto, estava errado, a nossa actual Ciência não está errada, quando nos garante que está certa?... Quem me/nos garante que também não estamos todos errados?... Quem nos garante que não é a forma de sentir que nos leva a agir diferente, em vez de ser a forma de pensar que nos leva a sentir, e a agir, duma forma diferente?... E quem nos garante que não agimos, e não pensamos, não por vontade própria, mas sim por uma Vontade muito Superior à nossa, e a quem o Homem teima em chamar de Deus?... Quem nos garante?... A nossa Ciência?... Estará ela correcta?... Mas Platão também julgava estar certo e, no entanto, não estava... Será que a nossa Ciência também não está errada, meus amigos?... Fica a pergunta no ar... Resta-me dizer-vos que "*Não penso no que sou nem sou o que penso. Mas penso vir a ser aquilo que não penso que sou... Entretanto apenas sou e não penso.*

Apenas sinto e limito-me a existir, e a não pensar nem sentir... Apenas limito-me a ser o que sou... ". E você caro leitor já sabe quem é?... Porque se não sabe quem é, como da a conhecer ao próximo uma coisa que não conhece?... E quem dá o que não conhece, dá o que não sente... E quem dá o que não sente, não pensa no que dá, pois não sabe o que dá... Apenas dá porque sente que o deve fazer, mas não por realmente sentir... E quem sente por obrigação, meus amigos, era melhor que não sentisse... Logo, meus amigos, a forma como sentimos leva a que nós passemos a agir da maneira como agimos, e não a forma como pensamos que nos leva a sentir, e a agir, diferente... Se eu pensasse assim, toda a vez que me apetecesse gritar com alguém, gritaria... E, no entanto, contenho-me porque assim tem de ser, logo as emoções podem ser um refreio às nossas decisões racionais, mas também podem não o ser. Depende da maneira como cada pessoa pensa e sente, e da maneira que essa pessoa harmoniza tudo isso, porque o que sair dessa harmonia, leva a que a pessoa aja duma certa forma. Mas se a pessoa nunca encontrar essa harmonia, vive em constante conflito interior, e depois diz estar confusa em suas emoções. É o caos total, meus amigos... E depois a culpa é das emoções... E mais uma vez o ser humano põe a culpa em algo para não ter de assumir a sua própria culpa. O ser humano parece que ainda não percebeu que enquanto meter a culpa em algo que não tem culpa, para fugir à sua própria culpa, ele nunca se libertará da sua própria culpa. Ele deve aceitar a sua própria culpa, pois só assim irá crescer e, *por mais que nos doa fazer isso, e tomar certas decisões, muitas vezes criando mesmo intensas tensões emocionais a nós próprios, precisamos desses momentos, meus amigos, porque são nesses momentos que aprendemos a crescer... E só crescendo se consegue evoluir em direcção à abertura da Mente e, consequentemente, evolução de Espírito. Se mais gente pensasse assim, não seria difícil ao Homem conseguir a exaltação... E a proximidade íntima de Deus seria possível... Mas basta quereres, e sentires, para que Ele se aproxime, por mais que aches que seja impossível essa intimidade... Sente-O... E deixa-te levar...*

Schiuuuu... Sentiste-O?... Também eu...

Como as nossas emoções nos podem levar a Deus... (2ª parte)

O que pensamos leva-nos a agir da forma como pensamos. Logo o que pensamos ser, consequentemente, somos. O que sentimos leva-nos, muitas vezes, a pensar de forma diferente sobre o mesmo assunto, e isso acontece consoante as circunstâncias que nos encontramos, ou seja, a forma como sentimos molda a forma como pensamos e agimos. E consoante as circunstâncias podemos mudar toda a nossa forma de pensar, de sentir e de agir. Logo os nossos pensamentos nos conduzem às acções que tomamos perante os outros e a vida em geral. Isso explica muita coisa. Mas também levanta outras tantas questões que teimam - (ainda!) - em não terem resposta. Por exemplo: Se penso assim deveria agir assim, porque sinto que deve ser assim. E levanta-se a grande questão: Porque tem de ser assim?... Porque não agimos consoante o que sentimos, mesmo que isso vá contra tudo o que pensamos?... Porque não deixamos a Emoção superar a Razão?... Porque temos medo de mostrar a nossa vulnerabilidade ao expor o que sentimos, e aí refugiamo-nos no racionalismo, no pragmatismo, e por isso o mundo apresenta-se hoje da forma como está... Se o Homem se deixasse levar pelas Emoções, não haveria tanta Guerra, tanta Fome, tanta Dor... O materialismo seria apenas uma teoria provável e nunca um objectivo final para todo e qualquer Homem. E o mundo seria melhor, muito melhor mesmo!... Deixo-me levar pelas minhas emoções, recorrendo obviamente à razão sempre que dela necessito, nunca deixando que a razão se sobreponha à emoção. Sofro mais por ser assim, mas sou mais autêntico assim e, sendo assim, consigo me conhecer melhor e, mesmo que sofra, não me importo, pois é sofrendo que cresço, e é crescendo que evoluo, pois sofrer é evoluir em direcção à Perfeição Divina e caminhar até à derradeira exaltação de nós mesmos e de nossos Espíritos. Portanto, nunca tenhas medo de mostrar o que sentes, pois reprimir emoções é a pior, e a mais cruel, forma de sofrer, pois as emoções reprimidas um dia acabam por se soltar, e aí nasce o Ódio, o Rancor, e o Egoismo. E isso só para citar alguns aspectos negativos a que nos levam a repressão das emoções. Por *isso quando tiveres de chorar, chora!... Quando tiveres de amar, ama!...*

Mesmo que isso te faça sofrer... Nunca ames à espera do Amor que

deste... Ama sem nunca esperares nada em troca daqueles que amas...

Esse é o verdadeiro Amor... E quem ama assim duma forma

incondicional, por mais que venha a sofrer, imortaliza-se a si próprio,

pois deixa na Terra um sinal do seu Amor, e no Céu ganha um pequeno

lufar na Eternidade, ou seja, ganha a própria Imortalidade...

Por isso... Ama e sê feliz... Pensa nisso...

Apenas uma ideia que me incomoda...

Hoje faço anos e deveria estar com os meus amigos e não estou... Mais

uma vez me ponho a escrever... Não podia deixar este dia, tão especial

para mim, passar em vão, sem antes escrever alguma coisa... Eu

simplesmente não me perdoaria... Então achei um assunto interessante

para escrever hoje, baseado numa conversa que tive com um amigo

meu... A conversa foi muito interessante, pois eu como Poeta vivo na

"irrealidade do existir", e esse meu amigo vive nesta realidade, pois ele é

Advogado. Sendo assim a Lógica e a Razão iriam chocar com a Emoção.

A conversa prometia... E realmente a conversa prometeu e cumpriu... A conversa foi, no mínimo, enriquecedora para os dois, principalmente para mim... Tirei algumas dúvidas que tinha e acrescentei outras tantas... Mas estas foram as "Certezas" e as "Verdades" a que cheguei... O Homem não pode separar a sua Existência da sua Essência pois, se o fizer, entra em conflito consigo próprio e será sempre um Existencialista frustrado. Enquanto que, se esse Homem achar harmonia entre a sua Existência e a sua própria Essência, não só viverá em paz consigo e com os outros, como a sua Essência nunca o incomodará, pois essa é, e será sempre, Imortal... Mas podemos perguntar: "E como consegue um Homem separar a sua Existência da sua Essência, se são a mesma coisa?"... E digo-vos agora, meus amigos, que estão enganados, pois não são a mesma coisa. Um Homem nunca pode marcar a sua Existência se nunca mostra a sua Essência. Enquanto que se um Homem conseguir mostrar a sua Essência, imortaliza imediatamente a sua Existência. Pensem nisso... Eu fiquei a pensar...

Energia criativa...

Às vezes começo a escrever apenas por escrever... É chato mas tem de ser. Afinal foi essa a vida que escolhi para mim... Não me posso queixar... Mas a vida de um Escritor é envolvida por todo um Processo.

Todo um Processo Criativo, que começa na ideia e acaba no livro. Durante todo esse Processo cria-se uma Energia: A Energia Criativa. E a partir do momento em que ela te envolve, já não tens consciência de ti mesmo, pois ela passa a tomar conta de ti. E mesmo que queiras parar, a Energia Criativa não deixa isso acontecer. E quando ela te desaparecer de repente, tal bolha de sabão quando rebenta subitamente, apenas ouves um "clic" na tua mente, e aí voltas à realidade. E aí lês o que escreveste. E aí percebes que, mesmo sem saberes o porquê, quando essa Energia te aparecer, ela põe-te logo em acção, e percebes também que a Energia criativa tem uma lógica de existir, e uma outra lógica para te aparecer. E uma outra lógica ainda para te aparecer naquele momento... É uma Energia Superior que te move na direcção certa e no momento certo. Para que tudo bata certo. Para que tudo tenha lógica. Mesmo aquilo que não tem lógica. Mesmo essas linhas que lês. Mesmo este Deus silencioso. Mesmo este terrorismo global. Mesmo essa esperança morta. Mesmo essa incerteza certa... E é nessa incerteza que me aparece, por vezes, a vontade de escrever. Por isso, às vezes escrevo apenas por escrever. Mas ainda bem que não é sempre assim...

Às vezes apetece-me mesmo escrever... E aí, escrevo...

Entretanto. Limito-me a existir...

Atitude/Força interior

A atitude que temos perante a vida é o resultado da projecção da nossa força interior na realidade. Quando conseguimos projectar a nossa força interior duma forma positiva, e construtiva, logo conseguimos obter uma forte atitude perante a vida. Quando não o conseguimos, deixamos que a vida tenha uma forte atitude sobre nós; ai ela revolta-se connosco e mostra-nos toda a sua força interior. E acaba por nos destruir...

E tu?... Vais te deixar destruir pela vida ou mostrar-lhe toda a tua força interior e a venceres por aquilo que és?... Qual a tua opção?...

Schiuuu... Pensa e depois diz-me...

Insistência do desejo/Impotência do querer...

Quando almejamos alcançar algo e/ou atingir algum objectivo, chegamos ao ponto em que, irremediavelmente, temos de admitir que o *simples querer não é suficiente para atingir esse algo. Então deparamo-nos com aquilo a que chamamos da "impotência do querer". Quando atingimos esse ponto, temos a necessidade intrínseca de insistir no nosso desejo a ver se algo muda, mas tudo continua igual, porque o simples querer qualquer coisa não nos traz coisa alguma. Já dizia o outro: "Querer é poder"... Ao que devemos acrescentar: "Falta fazer"... E é aí nessa altura que a pessoa nota que precisa fazer qualquer coisa. E é nesse momento que muitos sucumbem por acharem que não têm forças para seguirem em frente. Mas também é nesse momento em que outros, apesar de acharem que as suas forças são realmente poucas, continuam a seguir em frente, testando as suas próprias capacidades e, consequentemente, as conseguem ultrapassar... Só conhecendo os nossos limites os poderemos ultrapassar. E só os ultrapassando nos aparecem outros desafios. E os sonhos são cada vez mais altos, os voos cada vez mais longe, e sentes que rapidamente te encaminhas em direcção à Perfeição Humana e, consequente, Exaltação Divina pois, finalmente, deixaste de desejar qualquer coisa para passares a criar alguma coisa... E quem deseja é Homem e quem cria é Deus... Portanto, deixa de desejar tanto e cria qualquer coisa...*

A felicidade da partilha...

Ontem aprendi uma grande lição de vida: A felicidade da partilha. Houve alguém que tinha dois nacos de pão, e esse alguém tinha um amigo que vivia nas mesmas condições do que ele, ou seja, eram os dois sem-abrigo, e estavam habituados a partilhar tudo um com o outro; tinham assim mais hipóteses de sobreviverem às ruas... Partilhavam mesmo tudo: a pouca comida que arranjavam, os poucos cigarros que apareciam, enfim, partilhavam um pouco de tudo o que tinham e arranjavam. Um dia em deles tinha fome e não tinha nada para comer, enquanto que o outro tinha dois nacos de pão. Mas este último não o havia contado e o primeiro de nada sabia. Mas o amigo, faminto como estava, apenas perguntou-lhe: "Tens algo que se coma?...". Ao que o outro lhe respondeu: "Não. Também não tenho nada para comer...". O egoísmo fez com que o seu amigo continuasse a passar fome. Ele comeu o pão todo sozinho, quando poderia ter partilhado o pão com o amigo, afinal ele tinha dois nacos de pão, ma simplesmente optou por não o fazer, e simplesmente não o fez. Apenas duas horas depois, o amigo que não tinha nada para comer, arranjou alguma comida e procurou o amigo, pensando que, como ele não tinha nada para comer, pudesse estar cheio de fome e a precisar urgentemente de comida. Quando o encontrou disse-

lhe: "Arranjei alguma comida e quero partilhá-la contigo...". Logo de seguida, o amigo abraçou-o a chorar, e pede-lhe perdão. O amigo não percebendo o porquê daquele pedido de perdão, perguntou-lhe: "Porque me pedes perdão?...", ao que o amigo lhe respondeu: "Tiveste fome e eu não partilhei contigo a comida que tinha contigo. Na altura que tinhas fome, e nada tinhas nada para comer, eu tinha dois nacos de pão e não fui capaz de os partilhar contigo. Perdoa-me amigo, pois chegaste aqui e quiseste partilhar tudo o que tinhas comigo. Não mereço nem essa comida nem, muito menos, a tua amizade...". O amigo chorou, abracou-lhe e apenas lhe disse: "A comida mereces, porque nunca se nega comida a um pobre. A minha amizade também, porquê arrependeste-te do que fizeste comigo e tiveste a coragem para mo contar...". E concluiu dizendo: "Quando fazemos alguma coisa a alguém, nunca devemos esperar nada em troca. Dá desinteressadamente. E quem dá desinteressadamente recebe quadruplicadamente em vida e, após a morte, recebe e a Vida Eterna. Perplexo, o amigo apenas lhe disse: "Falaste bem, amigo...". Ao que o amigo concluiu: "Não são palavras minhas, mas sim de Deus. Ele apenas me usou para te ensinar o segredo, e a alegria, da felicidade da partilha...

Ontem assisti a tudo isso e aprendi alguma coisa... E você, caro leitor, acha que desta situação consegue aprender qualquer coisa?...
Pense nisso...

(Excerto do meu 1º romance - "Libertei-me por Amor..." a sair em breve...)

Lisboa. Estávamos no Inverno de 1994. O Natal aproximava-se a passos largos. Lá fora a euforia pré natalícia, com toda a gente a correr de loja em loja, comprando presentes e ofertas e ultimando os preparativos para o Natal que se aproximava. Cá dentro, afastado de tudo e de todos, estava Rafael. Rafael tinha 35 anos, vivia sozinho desde que saíra de casa aos 16 anos, dia esse que se encontrava tão distante para Rafael que já nem se lembrava do motivo que o havia forçado a sair de casa. Tinha vivido sozinho todos aqueles anos. Realizara um sonho duma vida: Era escritor. Vivia bem, tinha casa, carro, e um pequeno apartamento. Casa de passar Verão no campo, uma boa conta bancária... enfim, tinha tudo o que era suposto ter para ser feliz. Mas Rafael não o era. Estava a pagar o preço da sua solidão escolhida e sabia disso. Já não sabia o que era ser feliz há muitos anos. Tinha saído de casa muito cedo, criou-se sem amor de pai nem mãe, e nem de amigos, pois passava a vida a trabalhar e os anos passaram-se sem que Rafael se apercebesse. Escolheu a escrita como fuga à sua solidão escolhida. E agora ali estava ele: Um escritor de sucesso, que não era rico mas que vivia relativamente bem , mas que vivia sozinho e em que a escrita já não preenchia o vazio em que ele vivia. E mais um Natal se aproximava. E mais um Natal sozinho ele passaria. Rafael suspirou fundo, abriu a janela e olhou o horizonte. O sol já se ponha. Rafael tinha passado mais uma tarde a escrever. Estava a escrever o seu novo romance. O seu último romance tinha sido um sucesso em São Paulo e em Lisboa. Rafael trabalhava para duas grandes editoras: uma em São Paulo e outra em Lisboa. Por vezes publicava livros diferentes, de editoras diferentes, em países diferentes e tudo isso no mesmo mês. Rafael estava cansado. Sabia que precisava dumas férias mas sempre as adiava eternamente. Pelo menos, enquanto escrevia não estava tão sozinho ou, pelo menos, não se sentia tão só. E, lutando contra a sua própria solidão, resolve sair. Apenas daria uma volta antes de jantar e voltaria a casa num abrir e fechar de olhos. Apenas seria o tempo suficiente para que esse "abrir e fechar de olhos" fosse reconfortante, e relaxante, o suficiente para que, depois de jantar, pudesse voltar a escrever. Em paz. Só queria paz. Vivia sozinho mas não tinha paz. Alguma coisa o revolvia no seu íntimo mas Rafael não sabia bem o quê... Sentia que faltava alguma coisa... Para Rafael era muito difícil, senão doloroso demais até, admitir que estava carente. Carente?!... Nunca!... Vivia bem, tinha casa, carro, apartamento, casa de passar Verão, uma boa conta bancária, e sentia-se realizado profissionalmente, logo nunca se poderia sentir carente. Ou, pelo menos, era assim que

pensava. Mas seria assim que sentia?... Será que não se sentia,

realmente, só e carente e a aparente segurança demonstrada por Rafael

não seria apenas uma fachada como defesa a uma

carência disfarçada?... Inconscientemente Rafael sabia disso.

Conscientemente estava prestes a descobrir isso.

Saiu com o seu carro e conduziu sem destino. Estava frio. Muito frio.

Rafael ligou o aquecedor do seu carro e pôs-se a ouvir Norah Jones no

seu CD. O frio era imenso lá fora e o vento soprava de tal forma que

arrepiava a alma. Dentro do seu carro, Rafael ouvir "Sunrise" de

Norah Jones e afundou-se em seus pensamentos. A chuva caía cada vez

mais forte. E Rafael conduzia. Conduziu mais de duas horas seguidas.

Até que decidiu parar para tomar qualquer coisa antes de voltar a casa

para jantar. Entrou no primeiro bar que viu. Já passava um pouco das

nove da noite, o bar estava silencioso, sem ninguém, quase sem luz,

apenas com velas em forma de coração em todas as mesas e alguns

pauzinhos de incenso espalhados estrategicamente pelo bar. O ambiente

agradou-lhe e Rafael pensou não voltar a casa para jantar mas sim

ficar por ali mesmo. Sentou-se, pediu um café, e, enquanto esperava,

abriu o seu portátil. Rafael levava-o para onde quer que fosse...(não fosse

surgir alguma ideia de repente, quem sabe?...) Também não tinha pressa.

Não tinha para onde ir nem ninguém à sua espera. E decidiu ficar mais um pouco por ali mesmo e, já que iria ficar, resolveu escrever qualquer coisa. Abriu um ficheiro e quando já se preparava para começar a escrever, eis que chega o seu café.

- Boa noite, o seu café. Deseja mais alguma coisa?...
- Não, obrigado. Por enquanto, é só.

Rafael começa a escrever e, passados apenas alguns minutos, sentiu que estava sendo observado. Mas aquela sensação não tinha lógica de existir, afinal ele estava sozinho no bar. Ou, pelo menos, pensava ele. Interrompeu os seus pensamentos e voltou a escrever. Mas, de novo, voltou a sensação de estar sendo observado. E olhou, duma forma muito discreta por cima do seu ombro direito. E viu que, na outra ponta do bar, alguém lia um livro. Esse alguém estava só. Como pessoa, e como escritor, ele sabia o que era estar só. Como homem não conseguia compreender como uma mulher tão linda poderia estar tão só. Ou, pelo menos, aparentava, estar. Mas voltou-se para o portátil e recomeçou a escrever. Passaram-se mais alguns minutos e começou a dar no bar, como música de fundo, a mesma balada de Norah Jones que Rafael havia ouvido momentos antes no seu carro, enquanto vagueava perdido por aí. O mesmo CD. A mesma balada. E voltou a mesma melancolia. Até que o empregado do bar dirigiu-se a Rafael e...

- Desculpe o incómodo senhor mas pediram-me que lhe entregasse isso...

E entrega-lhe um pedaço de papel rosa dobrado em forma de triângulo. Exalava um agradável perfume do pedaço de papel. Abriu com cuidado e apenas dizia isso:

A música é para si. Perca-se na magia da voz de Norah Jones. É uma justa homenagem que lhe faço por me ter feito perder no seu último romance. E por me ter encontrado no final do mesmo. Espero um dia amar assim...

Com estima de sua "amiga" e admiradora

Júlia

Rafael, apesar de estar acostumado a ser abordado por fãs e admiradoras, ficou sem saber o que fazer. Nem o que dizer. Se respondesse poderia parecer exibicionismo. Se não o fizesse, pareceria arrogância. E resolve responder. Mas decide responder da mesma forma. E escreve num pedaço de papel:

Obrigada pela música e pelo elogio. Quanto ao "amar assim", não se
iluda. Seja real e não sofra. "Amar assim" só mesmo em livro ou
em filme. Só mesmo em ficção. Viva o momento e seja feliz..."

Rafael

Dobrou o papel em quarto partes e fez chegar às mãos de Júlia, através
do empregado do bar, com a desculpa de lhe levar uma bebida da parte
dele como sinal de agradecimento. Júlia sorriu e abriu o bilhete.
Começava a gostar daquele joguinho que mais parecia um "namoro às
antigas" do que propriamente uma conversa entre estranhos.
Simplesmente perdeu o sorriso ao ler o bilhete. Com que então Rafael
pensava que o verdadeiro amor só se poderia viver em livro ou em
filme?... Não fazia sentido. Afinal ela julgava conhecer a alma e coração
de Rafael, (afinal já tinha lido todos os livros dele...), e ele não era
assim. Ou, se calhar, o escritor era assim. E Rafael, como homem, era
diferente. Será que era possível a Rafael, sendo homem acima de tudo,
conseguir separar-se do escritor?... Ou será que, como escritor, ele
mostrava o homem que não conseguia ser no seu dia a dia?... Afinal

Rafael acreditava, ou não, no amor?... Entretanto Rafael fecha seu portátil, paga a sua conta e prepara-se para sair. Levanta-se. Ela também. Ele dirige-se à porta. Ela a ele.

Encontram-se a meio caminho e...

- Desculpe senhor Rafael mas preciso de lhe fazer uma pergunta. Posso?...

- Se retirar o "senhor", pode-a fazer...

- Então, é assim Rafael... Como escritor como podes defender um tipo de amor que como homem não acreditas que existe?...

- Nunca disse que não acreditava. Não acredito é que possa amar de novo. Não "assim". Não "daquela maneira". "Amar assim" é amar duma forma perfeita. E o amor perfeito não existe, pois o amor perfeito só existe quando acaba.

- Não percebi?!...

- E eu não a posso forçar a perceber...

Cada pessoa, na sua vida, tem um caminho diferente de todas as outras pessoas. Mas todos esses caminhos diferentes vão levar ao mesmo lugar. Cada pessoa persegue o seu caminho ao seu ritmo. Se calhar ao ritmo em que anda, ainda não lhe dá para perceber isso, mas sei que um dia irá perceber...

- Um dia?!...

- Sim, um dia... E nesse dia irá lembrar-se de mim e dessa conversa e *finalmente irá se convencer que nada acontece ao acaso. Nem mesmo*

essa conversa.

- Então, porque acha que estamos a ter essa conversa?...

- Não sei... Cabe a cada um de nós descobrir... Se estamos a ter essa

conversa nesse momento é porque não teria lógica nenhuma tê-la noutro

momento com outra pessoa qualquer mas sim contigo nesse preciso

momento.

- Acreditas no destino?...

- Sim e não. Sim, porque ele existe e a existência dele depende de ti e só

de ti. Tu o traças a cada dia consoante o caminho que percorres e o

percurso que fazes. Por isso não acredito que ele seja traçado à

nascença. Tu o fazes acontecer a cada dia. Com cada opção que tomas.

Com cada caminho que segues. Com cada lágrima que deixas cair. Com

cada sorriso que teimas em deixar. Com cada viagem que fazes. Com

cada despedida que tens. Com os pensamentos que levas. Com as

saudades que carregas. Com a dor que trazes. Esse é o teu caminho e ele

não te é impingido, mas sim escolhido, e conseguido, única e

exclusivamente por ti...

Júlia ficou perplexa com tudo aquilo e apenas lhe
disse em jeito de despedida:

- Sinceramente, como homem e como escritor vês o

amor de formas diferentes?...

- Não sei... Porque não descobres isso por ti?...

Agora era Júlia que não sabia o que fazer. Nem o que dizer. Apenas balbuciou qualquer coisa como:

- E como faço isso?...

- Não sei... Se calhar a "descoberta" desse caminho é o caminho para uma "descoberta" maior... A "descoberta" do amor... Quem, sabe?...

Júlia ficou sem saber o que pensar nem o que dizer. E, mesmo sem pensar, respondeu:

- Quem sabe?!...

E instalou-se entre os dois um silêncio sepulcral durante alguns segundos. Segundos suficientes para ficarem, (desta vez eram os dois...), ambos sem saberem o que fazer. Nem o que dizer. E simplesmente nada disseram. E simplesmente nada se passou. E quando o silêncio já se tornava abismavelmente constrangedor, ela ganhou coragem e disse-lhe:

- Tenho de ir Rafael mas adorei essa pequena conversa contigo. Um dia desses, gostava de continuá-la, se possível...

Ao que Rafael nem hesitou e puxou da sua carteira, e entregou-lhe, o seu cartão pessoal. E partiu... Rafael voltou a casa, tomou um duche, preparou uma refeição rápida, e refugiou-se no seu escritório. E pôs-se a escrever pela noite dentro. E a noite passou. E as noites passaram. E os dias também. E Rafael nunca mais viu Júlia. E Júlia nunca mais falou com Rafael. Mas ela tinha gostado da conversa. Deveria estar prestes a telefonar. Ela telefonaria de certeza. E se não telefonasse, como iria vê-la de novo?... De repente, lembrou-se que não tinha nenhum contacto dela. Mas não ficou em pânico. Nem tinha motivos para ficar. Ou, pelo menos, pensava assim. Entretanto os dias passaram-se e Júlia consultou várias vezes o site dele (vinha o endereço no cartão...), leu de novo alguns excertos de todos os seus livros, enfim julgava agora conhecê-lo, e ao mundo dele, um pouco melhor. Ou, pelo menos, pensava assim. A saudade batia forte, mas ela não sabia se devia, se podia. Mas ela podia... Afinal ele tinha-lhe dado o seu número, mas então porque hesitava ela tanto em lhe telefonar?... Talvez porque, inconscientemente, pensasse que ele apenas lhe dera o seu número numa tentativa de ser agradável mas nunca, mas mesmo nunca, para ser incomodado. E como pensava que iria incomodar, ela nunca telefonava. E como ela nunca telefonava, Rafael sentia-se cada vez mais incomodado. Era muito incómodo para dois estranhos. E Rafael decide voltar ao bar onde ele a conheceu numa tentativa desesperada de a (re) encontrar. Mas ela lá *não estava. Ou, pelo menos, pensava ele. E pensava assim porque olhou para a mesa onde ela estava sentada quando a viu pela primeira vez. E não olhou para a mesa onde ele próprio havia estado sentado, e era precisamente lá onde ela estava...*

- Júlia?...
- Rafael...

Entreolharam-se mas, mais uma vez, não sabiam o que fazer. Nem o que dizer... Mas, desta vez, algo se ia passar. Tinha de se passar... Inconscientemente, eles sabiam que deviam isso um ao outro. Ele levanta-se. E encaminha-se em direcção a ela. As pernas dela tremem. As dele apressam-se. Finalmente encontram-se. E, sem hesitar, abraçam-se... E hesitando, beijaram-se... E beijando-se, ficaram... E ainda hoje estão juntos!... Ela quebrou a solidão escolhida dele, e ele invadiu o mundo dela, e criaram um novo mundo. Um mundo onde viviam como queriam, e como o sentiam. E assim o viviam... E assim o viveram... E ainda hoje o vivem... Tal como o viverão para sempre...
No matter what...

Meu quarto, 10/10/04

Dez e meia da noite... Lá fora chove torrencialmente e o vento sopra de tal maneira que assusta os mortos. Mais uma noite de Outono com sabor a Inverno. Mais uma noite fria e eu aqui só em meu quarto. Mais uma noite da minha vida. Dessa vida não vivida... Dessa vida não sentida... Nem sentimento sem sentido... Por um pensamento perdido... Nessa noite, nesse quarto... Nesta solidão desmedida... Enlouqueço e, de novo, parto... Em direcção à despedida... Despeço-me de mim e do meu EU... E volto ao meu corpo carnal... E tudo o que era meu... Ficou no Além Espiritual... E voltei ao mundo vazio... E vazio ainda estou... E vazio eu me sinto, tal como nesta noite de Outono com sabor a Inverno, onde o vento sopra tão forte que até assusta os mortos, e chove intensamente, e e nela me perco, como em outra noite qualquer...

Meu quarto, 10/10/04

Se algum dia te perguntarem como fui, responde:

Ele viveu livre e fez o que sempre quis...

Nunca magoou ninguém e amou toda a gente...

Realizou um sonho e fez da sua vida um sonho...

E, no entanto...

Foi escravo da sua própria escolha...

Amou toda a gente e nunca foi amado por ninguém...

O sonho um dia virou pesadelo...

Viveu...

Feliz pelo sonho e infeliz pela realidade...

Amou e nunca foi amado...

Compreendeu e nunca foi compreendido...

Mas...

Conseguiu amar sem nunca ser amado...

Fez o seu trabalho independentemente do que pensaram, fizeram ou disseram...

Nunca temeu nada, nem ninguém, e seguiu sempre em frente...

Por isso...

Conseguiu chegar ao final do seu caminho, e cumpriu a sua missão na vida. E afirmou, antes do seu último suspiro, tal como o Apóstolo Paulo o fez: "Combati o bom combate, guardei a minha fé, fui fiel até ao fim..."

Meu quarto, 23/10/04

Acabei de ler um livro que me fez por em causa muitas das coisas em que acredito. Trata-se de um livro de Filosofia que trata dos maiores problemas da dita cuja. A Filosofia, muitas vezes, entra em conflito consigo própria e, é quando isso acontece, que o Homem é obrigado a pensar. E a pensar duma forma mais profunda. E é aí que nascem os livros como esse que acabei de ler. Acho que toda a gente deveria ler **"Os problemas da Filosofia"** de **Bertrand Russell**. Fez-me pensar que até o homenzinho pode ter alguma razão em algumas das coisas que diz... Recordo-me agora, nesse preciso momento, que um dia estava eu a falar com um amigo meu ateu e eu aconselhei-lhe a ler mais a Bíblia, na esperança de que Deus lhe pudesse dar uma "luz", ao que ele me respondeu que a "iluminação" que eu encontrava em Deus, que ele já a tinha achado em **Nietzche** há muito tempo... Não percebi... Pelo menos naquela altura... Agora percebo que todos nós temos uma desculpa - (Deus, ou o quiseres chamar...) - que vai sempre de encontro aquilo que não sabemos explicar... Daí a existência de Deus, Maomé, Alá, Khrisna, e de todos os deuses - (ou devo dizer "desculpas"?...) - que coube ao Homem inventar, para justificar a sua existência e a existência dum Deus sempre presente, nunca ausente, sem principio nem fim...

Hum... Estranha teoria essa... Mas foi lendo livro como **"Os problemas da Filosofia"** de **Bertrand Russell** que me apercebi que, independentemente do caminho que possas tomar, há uma coisa inevitável, quer tenhas fé em Deus ou não, que é a tua eterna busca em direcção ao desconhecido e, acima de tudo, saber qual o teu papel nesse mesmo desconhecido. E enquanto não souberes qual o teu papel, continuarás simplesmente à procura, não só durante toda essa vida, como durante todas as vidas que viveres, até achares uma resposta... Senão, como pretendes voltar a "Casa"?... Procura... E é essa constante procura, essa interminável busca, que nos faz acordar a cada dia, e a encontrarmos forças, que nem sabemos donde vêm, mas que nos fazem prosseguir em direcção à resposta da razão da nossa existência. Não interessa a "desculpa" que arranjes. Interessa é que continues a procurar o teu caminho. Espero que o encontres e que sejas muito, mas mesmo muito, feliz...

Apenas um pensamento que gostava de partilhar...

"Um dia quero ser amada"...

Foi esta a frase que vi, e li, hoje numa parede...

Fiquei chocado primeiro e assustado depois...

Chocado por não compreender aquele grito de desespero, e assustado por não conseguir compreender como se chega a um estado de desespero e de solidão dessa maneira... E comecei a pensar... Porque será que essa pessoa escreveu isso numa parede?... Para chamar a atenção de alguém em especial, ou a ninguém em especial e, ao mesmo tempo, a toda a gente?... Seria um grito de desespero a ver se o mundo acordava?... Ou seria apenas um grito de desespero individual e isolado?... Hum... Não sabia definitivamente o que pensar...E fui-me embora... Mas fui-me embora intrigado com aquela frase, e afundei-me em meus pensamentos... Ao atravessar a rua vejo uma miúda que havia parado para ler a frase, e notei que ela chorava... Voltei atrás e perguntei-lhe porque chorava. Ao que ela me respondeu:

"Porque fui eu que a escrevi... E, ao passar por aqui, lembrei-me de como me sentia quando a escrevi... E magoou-me mais ainda quando me lembrei porque a escrevi..."

Perguntei-lhe se ela queria desabafar ao que, estranhamente, ela disse que sim, e ficamos mais de uma hora falando... Até que, por fim, nos despedimos e ela foi-se embora mais leve e mais sorridente... E eu tinha ficado menos assustado, e menos preocupado, mas sentia que me ia embora com a sensação da minha obrigação cumprida. Tinha conseguido animar alguém que estava muito em baixo, e isso reconfortou-me... Mas não me saía do pensamento como uma miúda tão nova, poderia estar tão desesperada, e tão desacreditada no Amor... E voltei atrás para ver se a via mas nunca mais a vi... Frustrado vim-me embora... Mas reparei que no sítio onde estava a tal frase que a miúda havia escrito, agora havia outra... E reparei que a caligrafia era a mesma... E li a frase que simplesmente dizia:

"Pelo menos hoje fui amada..."

Fiquei sem perceber nada... Mas mais estúpido fiquei quando vi que a frase vinha assinada por baixo... Estava assinada simplesmente...

"Um Anjo que por aqui passou..."

Chegar e partir...

Estamos sempre a chegar e a partir...
Chegamos onde queremos e partimos donde chegamos.
Apenas apetece-nos chegar e partir... Chegar a um ponto e logo partir para outro. Estamos sempre à procura de algo que nem sabemos bem o quê... Apenas partimos e esperamos um dia chegar a um ponto final, algo que nos preencha o vazio existencial que vivemos, e sentimos, e que nunca perdemos... E continuamos à procura...
E quem procura, parte!... E quem procura, encontra!...
Nem sempre procurar significa encontrar qualquer coisa, mas é um

bom princípio para se encontrar alguma coisa...

Continua procurando, e um dia hás-de achar o que tanto procuras...

Está dentro de ti... Encontra-o e sê feliz...

Nem sempre...

Nem sempre tenho o que quero. Mas procuro sempre o que quero ter...

Embora nunca tenha a certeza de conseguir alcançar o que quero...

Mas procuro... E quem procura, encontra...

E quem encontra o que procura, é feliz...

E quem é feliz não procura nem encontra. É achado!...

É achado por alguém que te procura a ti e, consequentemente, encontra

a felicidade... Então sê feliz e faz mais alguém feliz...

E, se conseguires isso, serás mais feliz... E a felicidade reinará em ti...

E quando a felicidade reside em nós, não precisamos de a procurar nem

sentimos a necessidade de a encontrar...

Apenas nos limitamos a deixarmo-nos achar...

E quem se deixa achar por outra pessoa, encontra-se a si mesmo, pois

conhece a felicidade e a partilha com alguém...

Encontra-te, conhece-te, partilha-te e sê feliz...

Amar alguém: Sentimento ou Ideia?...

Fernando Pessoa um dia disse que nunca amamos uma pessoa mas sim uma ideia que temos dela. Ou seja, o que sentimos é uma projecção de uma ideia e não um sentimento. E é por ser assim que não pode ser Amor, pois é simplesmente uma ideia, e a ideia provém do pensamento. E tal como disse, e bem, o Mestre Pessoa:

"Quem ama não pensa. Apenas sente."*...*

E sente-se com o coração e nunca com o pensamento. Logo, quando amamos alguém, é apenas uma ideia que temos do Amor que projectamos nesse alguém. E uma ideia é um conceito nosso...

E, no fundo, nunca amamos ninguém...

Simplesmente amamos uma ideia...

Pelo menos é essa a minha ideia...

Ter ou não ter?... Eis a questão...

Ainda hoje numa conversa com uma amiga minha, perguntei-lhe, em relação à pessoa amada, se ela "preferia ter e perder, ou nunca vir a ter"... Respondeu-me que:

"

Preferia ter e perder do que nunca vir a ter... Pelo menos ela tinha tido..."

Lógico que qualquer Mulher responderia assim, pois a Mulher deixa-se levar muito mais pela Emoção do que pela Razão... O Homem talvez preferisse responder:

"Prefiro não ter do que ter e perder. Se não tenho algo, não sofro pela perda desse algo..."

E eu não penso nem duma forma nem doutra...
Isso depende, consoante o estado de espírito em que me encontro na altura em que estou apaixonado. E apaixonado estou eu todos os dias...
Agora posso dizer é diferente...

Gosto de toda a gente, adoro algumas pessoas e amo apenas uma...

Mas, neste momento, não amo ninguém, pois simplesmente esse alguém

teima em não me aparecer...

Se quisesse ter namorada, tinha...

Hoje não é difícil arranjar namorada...

Hoje é difícil encontrar uma Mulher... Isso aí é diferente...

No dia em que encontrar essa Mulher - (sim, porque o homem está

sempre à procura, é um ser insatisfeito por natureza, e nunca está feliz

com o que tem... Se o tem, é porque já o conquistou, logo já não o

interessa porque já o conseguiu... Se não tem, está infeliz, porque ainda

não o conseguiu...) - nesse dia pensarei no assunto...

Então prefiro pensar que não estou, nem nunca estarei, à procura do

Amor, mas estou simplesmente a deixar que ele me encontre...

Prefiro pensar que estou receptivo a ele, e ele sim me encontrará na

altura em que eu menos esperar mas, definitivamente, na altura que eu

mais precisar... Até lá, em silêncio, espero...

E, em silêncio, amo... Até lá, como posso ter?...

Simplesmente em silencio espero e, se tiver de ter, um dia terei...

E se nunca tiver, é porque a Vida em si acha que ainda é cedo para ter

esse Amor, e está-me amadurecendo aos poucos, para que quando esse

Amor me aparecer, eu possa estar preparado para ele...

Então, enquanto espero, vivo... Enquanto vivo, amadureço...

Quando estiver maduro o suficiente, o Amor aparece...

Até lá, fico em silêncio à tua espera...

E tu, o que fazes em relação ao Amor?...

Esperas em silêncio como eu, ou amas qualquer pessoa?...

Se pensares assim, finalmente perceberás que:

"Antes nunca vir a ter, do que ter "qualquer" coisa... "

E isso aplica-se não só ao Amor, como em tudo na vida...

Pensa nisso...

Amar alguém... / Amar uma ideia que temos de alguém...

Hoje houve algo que me incomodou o suficiente para me por a pensar no seguinte: Quando amamos alguém, ou julgamos amar, amamos esse alguém, ou a ideia que temos desse alguém?... Para responder a isso, vamos ter de verificar algumas coisas primeiro, seguindo um raciocínio lógico depois, e tentaremos, juntos, encontrar uma resposta no fim... Vamos por partes: O que aparento ser não é aquilo que realmente sou... O que aparento ser é uma percepção que os outros têm de mim, e não EU... E eu não sou nem uma aparência nem uma ideia: Sou bastante real... Agora uma pessoa pode apaixonar-se por mim, ou por uma ideia que faz de mim, sendo induzida ao erro neste caso, quando julga amar-me, pois ama uma ideia de mim e não a mim. Ama uma ideia e não uma pessoa. E, como qualquer ideia, um dia dissipa-se, e a pessoa passa a ver-me como realmente sou e não como me idealizou. Deixa de ver a ideia para passar a ver a realidade. Nessa altura, a pessoa repara que a ideia que faz de mim, não é igual, nem sequer parecida, com aquilo que sou. E tem um choque... E tem esse choque porque idealizou-me duma forma perfeita, ou seja, como gostaria que eu fosse, e não como realmente sou. E quando conheceu a realidade, ou seja, como realmente sou, desiludiu-se porque viu que eu não era - (nem sou!) - perfeito, e deixa de me amar, pois cria uma nova ideia de mim, ideia essa que, apesar de continuar longe do que realmente sou, está muto mais longe ainda do que essa pessoa gostaria que eu fosse e, logo, já não sirvo para essa pessoa. E do Amor passa a Ódio, pois a segunda ideia que a pessoa faz de mim, por não ser perfeita, já não a satisfaz e, consequentemente, já não me ama e, pura e simplesmente, me passa a odiar ou, no mínimo, passa a ser indiferente e a mim e à minha pessoa... Quando amamos alguém, vemos nesse alguém algo que nos preenche e completa. E por isso amamos essa pessoa. E por ser assim, nós a julgamos perfeita... E como a perfeição não existe, um dia deparamo-nos com a realidade, partindo para a desilusão depois, e para o ódio consequentemente. E para a indiferença em determinados casos, consoante aquilo que um dia sentimos, ou julgamos ter sentido, por essa pessoa. Quando amamos alguém, não por aquilo que gostaríamos que essa pessoa fosse, mas sim pelo que realmente ela é, ai amamos essa pessoa e não uma ideia que fazemos dela. E por mais que a gente se desiluda com essa pessoa, no fundo a amamos pelo que ela é, e não por aquilo que aparenta ser e/ou que gostaríamos que ela fosse. No fundo a amamos como realmente é, e isso é que é o verdadeiro Amor... Quem não compreende isso, é sinal que nunca amou, pois nunca se ama uma ideia, mas sim uma pessoa. E quem não consegue entender isso, se julga que um dia amou, digo-lhe agora que nunca amou ninguém... Pode até ter amado, mas não uma pessoa, mas sim uma ideia que tinha dela e/ou que projectava nela. E quem já realmente amou alguém pelo que era e não por aquilo que aparentava ser, então esse alguém já amou e, consequentemente, já conheceu o Amor... E isso não é uma ideia. É bastante real... Quanto a mim, amo alguém!.. Mas amo essa pessoa pelo que ela é, e não por aquilo que aparenta ser e/ou pelo que eu gostaria que essa pessoa fosse. Pois eu só a amo por ser quem é, e pela pessoa que é, e não por algo que eu desejava que ela fosse, pois isso seria egoísmo e não Amor, pois se eu amasse alguém por aquilo que eu gostaria que essa pessoa fosse, amaria uma ideia minha e nunca essa pessoa. Seria muito egoísmo, e muito comodismo, da minha parte. E o Amor não e egoísta. É altruísta...

E, para finalizar, o Amor não é comodista. Antes pelo contrário. Incomoda e faz incomodar. E este incómodo é que nos faz amar... E *agora te pergunto:*

Amas alguém?... Ou a ideia que fazes desse alguém?...

Pensa nisso... Se te incomodar este pensamento, é sinal que já começas a amar alguém... Ou que, pelo menos, um dia amaste...

Amar... Sentimento ou ideia?...

Amamos alguém ou a ideia que fazemos desse alguém?....

Amamos apenas uma ideia, ou ideias que fazemos desse alguém?...

E quem ama uma ideia nunca achega a amar ninguém...

E nunca amamos alguém...

Just to thing:

Ao passar pela rua, ouvi alguém a dizer a outro alguém: "O dia hoje está esquisito." Não percebi. O dia estava lindo... Então, só mais tarde percebi que o que estava "esquisito" era a pessoa em questão e não o dia. Nós temos sempre a tendência em projectar o que sentimos nas circunstâncias que nos rodeiam e vice-versa. Ele não se estava a "sentir bem" e depois o dia é que estava "esquisito". Mania que as pessoas têm de transporem os seus problemas para outras coisas que não têm nada a ver. Se eu me estiver a sentir bem comigo próprio, as circunstâncias que me rodeiam, e o ambiente em que me encontro, são-me completamente indiferentes. Mas, ao invés disso, se eu não me estiver a sentir bem comigo próprio, o que sentir nessa altura, é imediatamente projectado no ambiente que me rodeia e, independentemente das circunstâncias em que me encontrar nessa altura. Quando nunca deveria ser assim... Pensamentos negativos atraiem fluidos negativos e isso reflecte-se duma forma negativa nas nossas vidas. Pensar duma forma positiva torna-nos mais criativos, pois recebemos a informação no nosso cérebro duma forma mais natural, e isso reflecte-se na nossa vida duma forma bastante positiva. Por isso, nunca tentes modificar o ambiente que te rodeia, nem as circunstâncias em que te encontras, só por não te sentires bem. Exterioriza o que te faz sentir mal, gritando, desabafando, partilhando... Enfim, torna mais leve esse teu fardo e, com fé, segue em frente, e verás que o que se torna "esquisito" é os outros não se sentirem como TU!... Pensa nisso. E fica em paz... Contigo. Com toda a gente. E com o mundo que te rodeia. Segue em paz e sê feliz...

A dor da mentira

Existem certas coisas que não consigo compreender; porque me mentem, por exemplo. Se uma pessoa me mente é porque tem algo a esconder. E simplesmente me pergunto: Porquê?... Se uma pessoa me está a mentir, algo me está a esconder, e simplesmente não percebo porque essa pessoa me esconde alguma coisa... Será que essa pessoa não compreende que só a vou aceitar e admirar se ela for verdadeira para mim?... Só a verdade me faz admirar algo ou alguém. Houve alguém que me mentiu há bem pouco tempo. E essa pessoa era, e é, muito especial para mim. E o que doeu mais foi isso... Senti que não merecia aquilo. E voltei a perguntar-me: Porquê?... Que necessidade tinha essa pessoa de fazer o que fez?... Ela não tinha, nem tem, necessidade de me dar essa dor. Então, porque o fez?... Cansei-me de tantos "Porquês?"... E limitei-me a aceitar que a fraqueza foi dessa pessoa e não minha, e não tinha de me sentir culpado.

Afinal, não fui eu que menti... Mas doeu saber que certas pessoas para poderem enfrentar a realidade, sentem a necessidade de mentir. Mesmo que isso magoe alguém. Mesmo que esse alguém seja eu. Ou tu. Ou quem quer que seja. E é por certas pessoas serem assim que não as compreendo. E nem as consigo compreender. E por isso é que dói ... Por vezes gostava de perceber o "comportamento humano", mas quem sou eu para querer isso?... Isso, ou alguma coisa?... Se essa pessoa me mentiu, então não sou eu que tenho de me sentir mal mas sim essa pessoa. Mas acho que já sei porque me senti, e sinto, mal com uma fraqueza que não foi minha, com uma atitude que não é, nem nunca será, a minha... Eu disse que essa pessoa era, e é, muito especial para mim... Desculpem mas eu menti... Essa pessoa já foi muito especial para mim mas já deixou de o ser, e deixou de o ser no dia em que me mentiu...Pois quem me mente não merece a minha amizade quanto mais o meu coração...O esquisito é que não deveria doer... Mas ainda dói...Dói bastante!... E o que mais dói é não saber porque doeu assim tanto... E porque ainda dói...

Sensibilidade / Fragilidade

Há que julgue que "ser sensível" é "ser fraco". Absolutamente não. Pois quem mostra os seus sentimentos é alguém com muita coragem, principalmente nos dias de hoje, em que a hipocrisia e o artificialismo tomaram conta de tudo e, de quase, todos. Já houve tempos em que eu tinha uma personalidade fingida colada numa atitude irreverente e eu não era feliz, pois eu não mostrava o que eu realmente era mas o que me convinha mostrar. E só quando fui capaz o que sou, como penso e como sinto, é que comecei a conhecer o sabor da palavra FELICIDADE. E hoje sou feliz pois já não tenho mostrar o que sou, pois é mostrando o que sou, e partilhando o que penso e o que sinto, que EU SOU mais EU.

Se "ser sensível" é ser fraco, então Jesus era um fraco e eu também sou. E não me envergonho disso. Houve alguém que disse um dia: "O Amor liberta. Mas todo aquele que mostrar cepticismo em relação ao Amor, então também mostra a vulnerabilidade do seu próprio ser e a sua grande pobreza de espírito."Por isso, nunca confundas sensibilidade com fragilidade. "Ser fraco" é não assumir que se sente, ou que se é capaz de sentir alguma coisa. É a maior fraqueza do Homem. E quando esse mesmo "homem" encontra alguém "sensível", estranha esse alguém alguém e o chama de "fraco". O que me dá pena é que a pessoa que chamou de "fraco" ao "sensível", ele próprio, nessa altura projecta a sua própria fraqueza nessa pessoa pois não tem coragem de dizer: "Sou fraco!". Quanto a mim, não sou fraco, não sou forte. Sou sensível o suficiente para assumir a minha fraqueza, e ao assumir isso, torno-me mais forte. E é mostrando essa força que tenho, que sou tudo e nada ao mesmo tempo. E sendo assim, quanto menos eu quero mais eu tenho.

Quanto mais eu tenho , mais eu dou. E torna-se um ciclo vicioso ser assim, sentir assim, ser fraco assim. Será sensibilidade, força, ou fragilidade minha?... Pensa nisso...

22/11/04

Arrogância

Um homem muito arrogante morreu e foi bater às portas do Céu.

Um anjo do Senhor lhe apareceu e perguntou-lhe: "Quem és?..." e

"O que queres daqui?...", ao que o arrogante lhe respondeu: "Abre as portas: Vou para o Céu!"

Ao que o anjo retorquiu: "Não podes entrar!... Não te lembras de mim?...". "Não!", respondeu.

"Sou aquele pedinte que um dia te pediu uma esmola e respondeste: "Vai para o inferno!". E é para lá que vais...

E foi para lá que ele foi.

Um sem abrigo lá da aldeia morreu subitamente, e conta a lenda, que ele foi bater às portas do Céu. Õ mesmo anjo do Senhor lhe aparece e pergunta-lhe: "Quem és?" e "O que queres daqui?..."

"Não sou ninguém. Sou um simples sem abrigo. Minha vida foi um verdadeiro inferno. Bati aqui apenas para saber se vou continuar no inferno depois de morrer..."

Ao que o anjo lhe disse: "Podes entrar...Não te lembras de mim?...".

"Não", respondeu.

"Sou aquele pedinte que um dia tinha fome, e do pouco quer tinhas, me deste tudo o que tinhas para comer...Neste dia ganhaste o Céu..."

E continuou dizendo:

"Entra...O céu espera-te!... E é para lá que vais...

E foi para lá que ele foi.

E você, caro leitor, vive no Céu já em vida, ou vive num inferno constante toda sua vida?...

Pense nisso...

Hipocrisia

A nossa sociedade, muitas vezes, não evolui porque a mesma não o quer. Li, não sei onde, que a partir de Janeiro não se pode fumar tabaco em locais públicos. Ainda há pouco tempo houve a despenalização do *consumo de drogas leves, ou seja, já se pode consumir e/ou fumar charros na via pública. Mas a partir de Janeiro vamos poder fumar um charro na rua e não vamos poder fumar um cigarro no café. Que sociedade é esta, meus amigos, que utiliza dois pesos e duas medidas?... A sério... Não percebi... E no entanto vamos ver pessoas a saírem do café para virem fumar um cigarro cá fora, enquanto que cá fora passeia, descontraidamente, alguém com um charro no canto da boca. É impressão minha, ou estamos a menos de um mês de assistir a isso nas nossas ruas?... Ruas duma cidade que pretende desenvolver-se. Cidade perdida num país esquecido. País que quer sobressair na União Europeia e acaba por decidir tomar esse tipo de decisões. Cá para mim, não se proibia o tabaco em locais públicos mas sim os charros na via pública. No máximo, e na melhor das hipóteses, nos sítios públicos separavam-se salas para os fumadores e outra para os não fumadores, tal como as sociedades (supostamente) civilizadas o fazem. Essa decisão só me/nos vem mostrar, mais uma vez, que Portugal é um país de decisões fáceis e de soluções difíceis, senão quase impossíveis. Um país que navega ao sabor de outros tantos e que esquece que tem vontade própria e que pode decidir por si. Quanto a mim acho que essa decisão cabe a cada um de nós que deveria ser tomada por cada um de nós. Pense nisso...*

27/11/04

" *Nunca trates ninguém duma forma dispensável, pois esse alguém irá agir duma forma dispensável. E acaba se afastando... E, ao se afastar, tu é que te tornas dispensável... Acorda!... Ou, pelo menos, pensa nisso...*"

27/11/04

A imagem duma pessoa divide-se em duas partes, para mim, bastante distintas. A forma como te vêem e a forma como és. A forma como te vêem baseia-se na imagem que dás. A forma como és, é como queres que os outros te vejam mas que só tu consegues ver. E se a sociedade não te vir como realmente és, mas sim como te querem ver, então a imagem que tu próprio dás de ti, é que talvez não seja a melhor. Aqui nesta situação deve-se aplicar a "teoria do espelho". Olha o espelho e vê tua imagem reflectida. Aquilo que vês, é o que queres ser ou o que realmente és?... Se aquilo que vês não é a imagem do que realmente és, então a sociedade talvez até tenha razão naquilo que afirma que és. Olha o espelho mais uma vez, e a pessoa que vires reflectida, olha bem no fundo dos seus olhos e pergunta: "Estou vendo o que sou ou aquilo que quero ser?...". Se vires o que és e não o que queres ser, está na altura de mudares alguma coisa. Se aquilo que vês é realmente o que queres ser, então não precisas de mudar nada, e a tua sociedade está errada quanto à imagem que tem de ti. Quanto a mim, quando olho ao espelho vejo o homem que sou e o homem que quero ser, mas também reparo que bastante a minha vida mudou para que pudesse crescer. Portanto se a imagem que vês não é nem a imagem daquilo que queres ser nem sequer a imagem mais correcta daquilo que a sociedade pensa de ti, então faz as mudanças que tens de fazer, para que duma próxima vez que te olhes ao espelho, vejas não o que és mas aquilo que um dia sonhaste ser. Quando atingires esse nível, sinceramente te digo, que aquilo que a sociedade pensa de ti não interessa, pois já deixaste de ser quem tu eras para passares a ser aquilo que um dia gostarias de ser. E quem consegue isso não se importa com a opinião duma sociedade pois ele próprio mudou a imagem da sua própria sociedade, mudando-se a si mesmo...

Carta aberta à hipocrisia

Esta semana dei de caras com a maior prova de que a hipocrisia existe numa forma, inexplicavelmente, humana. Fizeram-me um convite para fazer um tipo de trabalho. Convite esse que, prontamente, aceitei. Marcamos uma data para a entrega do dito trabalho, a qual respeitei. Depois do trabalho concluído, a mesma pessoa que me pediu o "tal" trabalho não o aceitou, não por não estar bom, mas por estar bom demais para o poder aceitar. Sinceramente, não percebi... Se isso não é hipocrisia, por favor, elucidem-me, e digam-me o que é. Pedi-me que me explicassem e ninguém o fez. Ninguém o conseguiu. Então, dirigi-me à hipocrisia na 1ª pessoa e perguntei-lhe: "Porque existes, hipocrisia?...". Ela respondeu-me: "Porque o Homem precisa de mim. Ele é que me criou, e ele é que há-de me destruir. Desde que o queira. Basta querer e simplesmente o Homem não o quer. Por isso continuo a existir." Baixei a cabeça e parti. Infelizmente, não pude contra argumentar com ela. Ela tem razão. A hipocrisia existe porque o Homem assim o quer. Tal como tantas outras coisas que existem e que o Homem permite que as mesmas continuem a existir. Simplesmente porque quer. E continua a querer que as mesmas existam. E depois pergunta-se a si mesmo no auge da sua própria hipocrisia: "Porque isso me aconteceu?... Porque isso me acontece?...A mim e a toda a gente?...". E essa pergunta mostra a hipocrisia máxima da nossa existência. Será assim, ou simplesmente será a minha hipocrisia a falar por mim próprio?... Ou somos ou não somos. Ou temos ou não temos. Não podemos ser e não ser ao mesmo tempo. Não podemos ter e não ter ao mesmo tempo. A dualidade existencial sempre existiu e existirá sempre. A hipocrisia só existirá enquanto o Homem a permitir. Até quando, Homem, irás permitir que ela exista?... Mea culpa ou hipocrisia minha?...

Aparentar ser... / Ser...

O que aparento ser não é aquilo que realmente sou. O que aparento ser é a percepção que os outros têm de mim; e não eu! O que realmente sou é tudo menos aquilo que aparento ser, pois aparento exteriormente ser uma coisa e interiormente sou outra completamente diferente. E se a percepção que os outros têm de mim é exterior, como podem me conhecer como realmente sou, se aquilo que realmente sou guardo em meu interior?... Só aquele que olha no fundo dos meus olhos sabe como realmente sou... Aparento ser o que não sou e sou tudo o que não aparento ser...Mas sou qualquer coisa!... E tu o que és?... Realmente existes ou és apenas uma ideia minha daquilo que eu acho que és?...

Ideia de mim... / Eu...

As pessoas têm uma ideia de mim porque criaram essa ideia de mim. E essa ideia foi, e é, uma criação duma imagem de mim e não a realiade do que sou. É apenas uma ideia... E se repararem bem, todas as pessoas que me conhecem têm uma ideia diferente de mim, mas mesmo todas essas ideias juntas nunca dariam uma imagem sequer parecida de mim, quanto mais a realidade de mim... Pois não são as ideias que os outros têm de mim que faz aquilo que eu sou... Pois o que aparento ser não é o que sou, e o que sou não é aquilo que aparento ser... Apenas sou eu próprio, igual a mim mesmo, e diferente de toda a gente. Este sou eu...independentemente das ideias que possam ter de mim... Da mesma maneira que todo aquele que tem uma ideia de mim, e me julga conhecer, este definitivamente não me conhece...

Tem apenas uma ideia de mim...

Minha eterna pergunta...

Continuo a perguntar e a não conseguir responder... Mas enquanto não conseguir responder vou continuar a perguntar. E um dia hei-de encontrar as respostas porque um dia as procurei...

Mas entretanto continuo a procurar...

E um dia hei-de descobrir...

Quem sou eu?!...

Aqui em meu quarto esquecido me ponho a perguntar... Discuti com a minha família e sai de casa... Simplesmente sai... Estou fora de casa há pouco mais de um mês, e esse já é o meu segundo quarto. Sinto que não consigo me adaptar... Este também não é o meu quarto... O quarto onde escrevia, onde chorava, onde raramente dormia, mas onde sempre estava... Tenho saudades do meu quarto... E da minha família também... Sou muito feliz com o que faço, vivo o meu sonho, tenho muito sucesso, mas tudo isso não me preenche o vazio que minha família em deixou... Um vazio que não podem, nem conseguem, compreender... Mas eu já estou acostumado a sofrer... Afinal para poder realizar o sonho de uma *vida, de toda a minha vida, perdi o Amor da minha vida... Perdi o Amor da minha vida, recentemente perdi a minha família, e hoje apenas, tal como Job, me limito a Deus perguntar: "Que mais Senhor irei perder?... Será que irei te perder também?...", ao qual se segue o silêncio sepulcral e infinito desse Deus que não me ouve, mas desse Deus que me escuta e que apenas não me responde porque sabe que a verdade irá, definitivamente, me magoar... Depois de perder o Amor da minha vida, de perder a minha família, e do silêncio de Deus, perdi o amor pela vida, e refugiei-me de toda a gente num mundo que só eu conheço, talvez para que ninguém lá entrasse e simplesmente me perguntasse o porquê do meu sofrer... Então, em silêncio, fiquei... E em silêncio ainda estou... Precisava de alguém que me ajudasse a quebrar esse silêncio, mas agora que a família se foi, e o Amor da minha vida partiu, me pergunto: "Como quebro esse silêncio?"... E como esse silêncio teima em não se quebrar, então em silêncio fico... E é nesse silêncio deste quarto que escrevo o que sinto, neste pedaço de papel esquecido, encontrado num canto dum quarto qualquer... Quarto esse onde vivo, onde choro, onde durmo, mas num quarto em que nunca estou... Apenas este não é o meu quarto, esta não é a minha família, e este não sou eu porque isso não é o que sou... Mas o que fui leva-me a ser o que sou, e o que não fui levou-me a não ser quem eu sou... Apenas sou o que não deveria ser, e o que deveria ser, não o sou... Apenas sou o que não sou, aquele que não existe, nesta realidade iludida, num infinito perdido, sem princípio nem fim... Sou a própria imortalidade de mim...*

Fim

Zeca Soares

Biobibliografia

Livros

“Essência perdida” - (Poesia - *Edição de autor e 2ª Edição Amazon -*
USA)

“Lágrimas de um poeta” - (Poesia - *Edição de autor e 2ª Edição Amazon*
- USA)

“Alma ferida” - (Poesia - *Edição de autor e 2ª edição Amazon - USA*)

“Ribeira Grande... Se o teu passado falasse” - (Pesquisa histórica -
Edição de autor)

“Diário de um homem esquecido” - (Prosa - *Editora Ottoni - São Paulo-*
Brasil e 2ª Edição Amazon - USA)

“Numa Pausa do meu silêncio” - (Poesia - *Edição de autor e 2ª edição*
Amazon - USA)

"Libertei-me por Amor" - (Romance - *Papiro Editora* - Porto, e *Amazon* - Washington)

"A Promessa" - (Romance - *Edições Speed* - Lisboa, *Edições Euedito* - Seixal e *Amazon* - E.U.A.)

"Mensagens do meu Eu Superior" - (Esotérico/Espiritual - *Amazon* – E.U.A)

"Amei-te, sabias?" - (Romance - *Amazon* - E.U.A.)

"Quase que te Amo" - (Romance - *Amazon* - E.U.A.)

"Tão perto, tão longe" - (Romance - *Amazon* - E.U.A.)

"Para Sempre" - (**"Mensagens do meu Eu Superior 2"**) - (Esotérico/Espiritual - *Amazon* - E.U.A.)

"Carpe Diem" - (**"Mensagens do meu Eu Superior 3"**) - Esotérico/Espiritual - *Amazon* - E.U.A.)

"O Escriba" - ("Poesia" - *Amazon* - E.U.A.)

"O Céu não fica aqui" - (Romance - *Amazon* - E.U.A.)

"Eu tive um sonho" - (Romance - *Amazon* - E.U.A.)

"O livro que nunca quis" - (Romance - *Amazon* - E.U.A.)

"Conheci um Anjo" - (Romance - *Amazon* - E.U.A.)

"Já posso partir" - (Romance - *Amazon* - E.U.A.)

Colectâneas

"Poiesis Vol X" **-** *(Editorial Minerva* **-** 57 autores)

"Poiesis Vol XI" **-** *(Editorial Minerva* **-** 67 autores)

"Verbum **- Contos e Poesia"** - *(Editorial Minerva* **-** 20 autores **-** Os Melhores 20 Poetas de Portugal)

" I Antologia dos Escritores do Portal CEN" **-** Os melhores 40 Poetas Portugal/Brasil - *Edições LPB* **-** São Paulo **-** Brasil).

"Roda Mundo - Roda Gigante 2004" - (Os melhores 40 Poetas do Mundo, que foram apurados do **3º Festival Mundial de Poesia** de S. Paulo, em que Zeca Soares representa sozinho Portugal nessa colectânea **-** *Editora Ottoni e Editora Sol Vermelho - SP - Brasil. Colectânea bilingue distribuída por 43 países - (os países de origem dos poetas vencedores)*

"Agenda Cultural Movimiento Poetas del Mundo 2015" - *(Colectânea Internacional de Poesia em que engloba alguns dos melhores poetas do mundo* **- Apostrophes Ediciones - Chile 2015**)

"Tempo Mágico"- Colectânea Nacional de Poesia e Prosa Poética, que engloba alguns dos melhores Poetas e Prosadores do pais intitulada **"O Tempo Mágico"** - **(Sinapis Editores)**

"Entre o Sono e o Sonho" (Vol VI) - *Antologia de Poesia Contemporânea com alguns dos melhores Poetas de Portugal -* **Chiado Editora** - *Lisboa*

Concursos

- *Concurso Nacional de Pesquisa História*. Zeca Soares concorreu com o seu livro *"Ribeira Grande... Se o teu passado falasse...",* na corrida ao **Prémio Gaspar Fructuoso**, com o seu livro de 660 páginas de História da cidade da Ribeira Grande, em que arrecadou o 4° lugar)

- *Concurso Nacional de Guionismo* - (Inatel)

- *Concurso Nacional de Guionismo* - *"Melhor Guionista Português"* - (Lisboa)

- *Concurso Nacional de Poesia Cidade de Almada Poesia 2003* - (Almada)

- *Concurso Nacional de Poesia Manuel Maria Barbosa du Bocage* -

(Setúbal)

- *Concurso Internacional de Poesia Livre* na corrida ao ***Prémio Célito Medeiros*** (SP - Brasil)

- *Concurso Internacional de Poesia Pablo Neruda -* (SP - Brasil - Junho 2004)

- *I Concurso Internacional de Literatura da Tapera Produções Culturais -* (SP - Brasil)

- *IX Concurso Internacional Francisco Igreja -* (SP- Brasil)

- *V Concurso Literário do Grande Livro da Sociedade dos Poetas Pensantes -* **(**SP-Brasil-)

- *3°Festival Mundial de Poesia -* (SP- Brasil -Verão 2004)

- *4°Festival Mundial de Poesia -* (Chile -Verão 2005)

- *Concurso Nacional "Meu 1° Best Seller"* com organização das ***Edições ASA -*** com o seu conto ***"Libertei-me por Amor..."*** - ficando nos primeiros 10 finalistas entre mais de 2000 Romances de todo o país.

- *Concurso Prémio Literário Miguel Torga -* Concorreu com o romance ***"A Promessa"***

- *Amazon Breaktrough Novel Award 2004 -* Entre mais de 10 mil Escritores de todo o Mundo, Zeca Soares passou aos quartos-de-final com o seu romance ***"A Promessa"***

+

Made in the USA
Columbia, SC
01 November 2022